लियोनार्डो द विंची

कुछ प्रमुख जीवनियाँ

ईश्वरचंद्र विद्यासागर
नेपोलियन बोनापार्ट
चंद्रशेखर आजाद
लाला हरदयाल
राजा राममोहन राय
आनंदमूर्ति
बेंजामिन फ्रैंकलिन की आत्मकथा
जगदीशचंद्र बसु
लोकमाता अहिल्याबाई
लोकमान्य बाल गंगाधर तिलक
लियोनार्डो द विंची
शिखर भारतीय महिलाएँ
मैडम भीखाजी कामा
प्रथम अंतरिक्ष यात्री यूरी गागरिन
लियो टॉलस्टॉय
आचार्य विनोबा भावे
स्वामी रामदेव
आर्यभट
अन्ना हजारे
नेल्सन मंडेला
महर्षि अरविंद घोष
कस्तूरबा गांधी
कर्नल जिम कॉर्बेट
मौलाना अबुल कलाम आजाद
होमी जहांगीर भाभा
नेताजी सुभाषचंद्र बोस
भगिनी निवेदिता
भारत कोकिला सरोजिनी नायडू
स्टीफन हॉकिंग
गोपाल कृष्ण गोखले
गुरुदेव रवींद्रनाथ टैगोर
स्वामी दयानंद सरस्वती
बिपिनचंद्र पाल
निकोलस कॉपरनिकस

लियोनार्डो द विंची

विनोद कुमार मिश्र

प्रभात
प्रकाशन

प्रकाशक
प्रभात प्रकाशन प्रा. लि.
4/19 आसफ अली रोड, नई दिल्ली–110002
फोन : 23289777 • हेल्पलाइन नं. : 7827007777
इ–मेल : prabhatbooks@gmail.com ❖ वेब ठिकाना : www.prabhatbooks.com

संस्करण
2026

पेपरबैक मूल्य
दो सौ पचास रुपए

मुद्रक
नरुला प्रिंटर्स, दिल्ली

———————— ★ ————————

LEONARDO DA VINCHI
by Shri Vinod Kumar Mishra

Published by **PRABHAT PRAKASHAN PVT. LTD.**
4/19 Asaf Ali Road, New Delhi-110002

ISBN 978-93-5048-333-6

₹ 250.00 (PB)

पूजनीय पिताजी
स्व. श्री लक्ष्मी चरण मिश्र
(अवकाश-प्राप्त वैज्ञानिक अधिकारी)
की
चिर स्मृति
को
सादर समर्पित।

भूमिका

कोई व्यक्ति एक अच्छा चित्रकार हो सकता है। ऐसे अनेक चित्रकार हैं जिन्होंने अपने जीवन में अनेक प्रकार के अच्छे-अच्छे चित्र बनाए हैं। इसी तरह कोई भी व्यक्ति अच्छा वैज्ञानिक, इंजीनियर व गणितज्ञ हो सकता है। वह अच्छी-अच्छी चीजें डिजाइन कर सकता है। उनका निर्माण भी करा सकता है। कोई व्यक्ति अच्छा चिंतक हो सकता है। वह सैकड़ों वर्ष बाद और आगे की भी सोच सकता है। वह समाज के सभी वर्गों, अमीरों-गरीबों की जरूरतों पर चिंतन भी कर सकता है और उनकी समस्याओं के निराकरण के उपाय भी बतला सकता है। इसी प्रकार समाज में अच्छे वास्तुविद्, योजनाकार, संगीतज्ञ, वाद्ययंत्र डिजाइनर हो सकते हैं।

पर एक ही व्यक्ति उत्कृष्ट चित्रकार, अच्छा वैज्ञानिक, श्रेष्ठ इंजीनियर, कुशल गणितज्ञ, अद्भुत चिंतक, गजब का वास्तुविद्, योजनाकार, संगीतज्ञ, वाद्ययंत्र डिजाइनर आदि सभी हो, इस पर विश्वास करना कठिन कार्य है। यही नहीं, ऐसा व्यक्ति एक सहृदय पुरुष भी हो, यह तो अजूबा-सा लगता है। उस काल में जब यूरोप में आम लोग जंगली जीवन जी रहे थे, एक व्यक्ति साफ-सुथरे, सौम्य कपड़े पहनता हो, उच्च व सात्त्विक विचार रखता हो, शाकाहारी भोजन करता हो और अपने परलोक को नहीं, आम आदमी के इहलोक को सुधारने में जीवन बिता दे, यह तो बिलकुल असंभव-सा लगता है।

हर सफल व्यक्ति के पीछे उसकी माता, परिवारजनों, आस-पड़ोस के परिवेश, विद्यालय/संस्थान इत्यादि का योगदान होता है। लियोनार्डो द विंची को इनमें से कुछ नहीं मिला। अनेक लोगों को परिस्थितियाँ सफल बना देती हैं, पर लियोनार्डो को तो हमेशा बहाव के विपरीत ही तैरना पड़ा। विंची युद्ध के घोर विरोधी थे, पर उन्हें हमेशा हिंसक अस्त्र-शस्त्र, युक्तियाँ, उपकरण आदि तैयार करने के लिए प्रेरित किया गया। परिस्थितियाँ इतनी प्रतिकूल थीं कि आधा काम होने के बाद ज्यादातर काम बंद कर देना पड़ा। उनके तमाम चित्र, मूर्तियाँ, मॉडल आदि अधूरे ही रहे। उनका डिजाइन किया हुआ शहर, नहरें, बाँध कागजों पर ही रह गए। अनेक काम तो मात्र इसलिए नहीं हो पाए कि लोगों को विश्वास ही नहीं था कि 'ऐसा भी हो सकता है।'

लियोनार्डो को किसी का प्यार नहीं मिल पाया। वे जीवनसाथी से भी वंचित रहे। दत्तक पुत्र भी उन्हें सदा कष्ट ही देता रहा। पक्षियों एवं प्रकृति से प्रेम करनेवाले लियोनार्डो हमेशा प्रेम से वंचित रहे। वे दर-दर की ठोकरें खाते रहे। दुनिया को आदर्श नगर की डिजाइन देनेवाले लियोनार्डो का कभी अपना घर नहीं बना, बसना तो बहुत दूर की बात है।

जीवन के प्रारंभिक दौर में कम और अंतिम दशकों में उन्हें बार-बार दर-ब-दर होना पड़ा। उनका बहुत सारा व्यक्तिगत सामान और कृतित्व भटकने की इस प्रक्रिया में नष्ट हो गया। जो कुछ बचा वह बाद के काल में कुछ छीना-झपटी में तो कुछ लापरवाही में नष्ट हो गया। लियोनार्डो की पेंटिंग्स मोची के वर्क बेंचों में भी पैबंद के रूप में लगीं और कबाड़ की दूकानों की अलमारियों में भी। उनके द्वारा बनवाई गई सारी इमारतें आज खंडहर के रूप में विराजमान हैं और मूर्तियाँ खंडित रूप में भी शोभा पा रही हैं।

पर फिर भी इतना बच गया जो इन्हें पुनर्जागरण का आधार मानने के लिए पर्याप्त है। वह सब यह प्रमाणित करता है कि लियोनार्डो सृजन की हर विधा में बेजोड़ थे। अपने जीवनकाल में उनका कोई अपना नहीं हो सका; पर बाद के वैज्ञानिकों, कलाकारों, दार्शनिकों ने उन्हें अपना आदर्श माना और उनके बनाए स्केचों, डिजाइनों, मॉडलों आदि को मूर्त रूप दिया। आज उनके द्वारा की गई सभी ज्ञात कल्पनाएँ, जैसे—टैंक, हेलीकॉप्टर, पनडुब्बी, सर्पिल सीढ़ियाँ, साफ-सुथरे हवादार एवं पानी की व्यवस्थावाले शहर, अद्‌भुत खिलौने आदि साकार हो चुके हैं।

अभागे लियोनार्डो ने दुनिया का भाग्य बदल दिया। जो सुख-सुविधाएँ, जैसे—वातानुकूलन यंत्र, दर्द में आराम देनेवाली कुरसियाँ आज उपलब्ध हैं, तब नहीं थीं। मजदूरों के हाथों में पड़नेवाले छालों को देखकर लियोनार्डो का दिल बैठ जाता था। आज उनके लिए भी तमाम स्वचालित व अर्द्ध-स्वचालित उपकरण उपलब्ध हैं।

आजीवन गरीबी व बदहाली झेलनेवाले लियोनार्डो की एक कूटबद्ध नोटबुक 'कोडेक्स लिसेस्टर' 3 करोड़ डॉलर में बिकी थी। खरीदनेवाला भी कोई साधारण व्यक्ति नहीं था। बिल गेट्स ने इसे खरीदकर माना कि यह उनके लिए सस्ता और फायदे का सौदा है। ऐसा करके उन्होंने अपने बचपन के आदर्श के प्रति श्रद्धांजलि अर्पित की है।

पुस्तक के रचना काल में मेरे मित्रों व सहयोगियों ने विभिन्न रूपों में मेरी सहायता की। पत्नी वीना मिश्र व पुत्रों—वरुण व विशाल ने मुझे विभिन्न पारिवारिक दायित्वों से मुक्त रखकर योगदान किया, इसके लिए मैं उनका आभारी हूँ।

—विनोद कुमार मिश्र

क्रम-सूची

रेनेसाँ अर्थात् पुनर्जागरण

फ्रें च भाषा में 'रेनेसाँ' का अर्थ है—'पुनर्जन्म'। आम तौर पर इसे पुनर्जागरण कहा जाता है। यह एक सांस्कृतिक आंदोलन था, जो पूरे यूरोप में फैला; पर प्रारंभ में इसका केंद्र इटली, वह भी इसका एक छोटा सा शहर फ्लोरेंस रहा।

यह आंदोलन मध्य युग की समाप्ति पर प्रारंभ हुआ और चौदहवीं से सत्रहवीं सदी तक छाया रहा। इसका दायरा बहुमुखी था। इसके अंतर्गत साहित्य, कला, दर्शन, राजनीति, विज्ञान, धर्म व जीवन के सभी महत्त्वपूर्ण पक्ष आए। इसमें अनेक प्रकार के बदलाव आए, जैसे अध्ययन में मानवीय पहलू छाए रहे। वास्तविकता की लगातार खोज होती रही। कला के जरिए मानवीय भावनाओं को बखूबी उभारा गया।

वास्तव में 500 ईसवी के आस-पास रोमन साम्राज्य का पतन हुआ। इसके बाद जंगली जातियों का कब्जा पूरे यूरोप पर बढ़ता चला गया। ये लोग हिंसक व उजड्ड थे और किसी भी अच्छे विषय पर 'एकमत' नहीं होते थे।

इस दौरान यूरोप में गरीबी छाई रही। बात-बात पर युद्ध व हिंसा होती रही। अकाल पड़ता रहा। मानवीय भावनाओं का लगातार पतन होता रहा। इस युग को 'मध्य युग' या 'अंधकार युग' कहा जाता है। जब इस युग में थोड़ी स्थिरता आई तो थोड़े-बहुत गिरजाघर बने, जिनमें स्थापत्य कला दिखाई पड़ी। लोगों में लिखने-पढ़ने की भावना आई। विश्वविद्यालयों की कल्पना जगने लगी, पर ज्यादातर लोग धर्म के परंपरागत बंधनों से बँधे रहना ही पसंद करते थे।

चौदहवीं सदी के प्रारंभ में इटली, हॉलैंड, बेल्जियम आदि देश अति समृद्ध हो गए थे और वहाँ पर शांति भी स्थापित हो गई थी। इसके साथ नए सिरे से खोज व सृजनशीलता का नया अध्याय आरंभ हुआ। अब शिक्षित, ज्ञानी और संवेदनशील लोगों की संख्या बढ़ने लगी। अब वे हर चीज का कारण जानने के लिए बेताब होने लगे। वे इसके लिए कल तक रुकने को तैयार नहीं थे।

इसी तरह घटनाक्रम आगे बढ़ा। प्राचीन यूरोप में रची गई पांडुलिपियाँ, जिनमें तमाम ज्ञान-भंडार समाया हुआ था, एक समय के बाद खो गई थीं और यूरोप के लोग उन्हें लगभग भूल ही गए थे। ये पांडुलिपियाँ कुछ तो मठों के पुस्तकालयों में रखी थीं और कुछ इसलामिक देशों में पहुँच गई थीं।

जब यूरोपीय शासक एक बार सशक्त हुए तो उन्होंने इसलामिक देशों पर भी आक्रमण किया और जीत की लूट में ये पुरानी पुस्तकें/पांडुलिपियाँ आदि भी हाथ लगीं। अनेक लोगों का मानना है कि प्राचीन दार्शनिकों की लगभग 4 लाख पुस्तकें विविध स्थानों पर विविध तरीकों से बरामद हुईं। इसके साथ ही यूरोप-वासियों के ज्ञान की भूख इस कदर बढ़ने लगी कि इसलामिक विद्वानों द्वारा किए गए कामों को भी यूरोप में मँगाया और पढ़ा जाने लगा।

प्राचीन यूनानी और अरबी ज्ञान को एक जगह मिलाया गया। मध्य-पूर्व में गणित का ज्ञान प्रगति पर था। उसे भी यूरोप में लाया गया। बिजांटाइन साम्राज्य का पतन हुआ और यूनानी विद्वान् पश्चिम की ओर गए। ये विद्वान् अपने साथ प्राचीन यूनानी सभ्यता का सारा ज्ञान अपने यहाँ ले आए।

इटली की राजनीतिक व्यवस्था

मध्य युग के उत्तरार्द्ध में इटली की राजनीतिक व्यवस्था भी अनोखी थी। आधुनिक इटली छोटी-छोटी रियासतों में बँटी हुई थी। ये रियासतें छोटे शहरों के आकार की थीं। कुछ पर राजतंत्र का कब्जा था तो कुछ में गणतंत्र भी था। पंद्रहवीं सदी में पूरे यूरोप में इटली सबसे अधिक शहरी माना जाता था। इनमें से अनेक शहर प्राचीन रोमन साम्राज्य के अवशेषों पर विकसित हुए थे और उनका प्राचीन रोमन साम्राज्य से भावनात्मक जुड़ाव था। उनमें से फ्लोरेंस व वेनिस गणतंत्र थे। हालाँकि वह गणतांत्रिक व्यवस्था आधुनिक प्रजातांत्रिक व्यवस्था से बिलकुल भिन्न थी, क्योंकि उसमें सभी को मताधिकार प्राप्त नहीं था और मत-प्रणाली भी उतनी स्पष्ट नहीं थी; पर फिर भी जितनी स्वतंत्रता लोगों को मिली थी वह शैक्षिक व कलात्मक विकास के लिए पर्याप्त थी।

इसके अलावा वेनिस जैसे शहर बहुत बड़े व्यावसायिक केंद्र बन चुके थे। वे बौद्धिक चौराहों का भी काम कर रहे थे, जहाँ दूर-दूर से आनेवाले व्यापारी अपने साथ तरह-तरह के विचार भी लाते थे। फ्लोरेंस रेशमी वस्त्रों व जेवरात का केंद्र बन चुका था, जबकि वेनिस पूर्व से आनेवाले व्यापारियों का प्रवेश-द्वार व शीशे का उत्पादन केंद्र बन गया था।

कैसे हुआ यह सब

इसकी कहानी भी बड़ी विचित्र है। चौदहवीं सदी से पूर्व यूरोप के लोग गंदगी भरे वातावरण में रहते थे। फ्लोरेंस भी कुछ ऐसा ही था और यह खतरनाक बीमारियों का केंद्र भी था। चौदहवीं सदी में फ्लोरेंस में प्लेग का प्रकोप फूटा और यह पूरे यूरोप में फैल गया। पूरा इटली बुरी तरह प्लेग की चपेट में आ गया। मौत लोगों के सामने तांडव करने लगी।

अब चिंतक अध्यात्म और भविष्य के बारे में सोचने के बजाय वर्तमान के बारे में अधिक सोचने लगे। अब जीवन के हर कार्य का उद्देश्य वर्तमान का सुधार हो गया। विज्ञान हो या कला—सब इसी दिशा में प्रयासरत हो गए।

फ्लोरेंस में ही क्यों?

फ्लोरेंस में उस समय मेडिची परिवार का दबदबा था। यह परिवार कला का पुजारी था और इसके एक सदस्य लॉरेंजो डी मेडिची ने अपने काल में लियोनार्डो द विंची, सांड्रो बेट्टिसेली तथा माइकेल एंजेलो बुनारोट्टी को कमीशंड काम के रूप में बड़ी राशियाँ प्रदान कीं।

यही कारण है कि लियोनार्डो के जन्म से पूर्व ही फ्लोरेंस शहर एक संपन्न व समृद्ध शहर बन चुका था। यहाँ पर तरह-तरह की गतिविधियाँ चलती रहती थीं, जिनसे लोगों में उत्तेजना और तत्परता बनी रहती थी, नए-नए विचार उमड़ते रहते थे।

यह शहर हमेशा अति धनवान् व्यापारियों से भरा रहता था। साथ ही बड़ी संख्या में कलावंत भी आते-जाते रहते थे। यही कारण था कि उस समय फ्लोरेंस एक अति गतिशील शहर माना जाता था। परिवर्तन के इस दौर में हर आदमी काम में लगा होता था। हर आदमी तरह-तरह के विषयों के बारे में सोचता रहता था। हर आदमी विभिन्न विषयों के बारे में जानने का प्रयास करता था और हर परिवर्तन जनता में चर्चा का विषय बन जाता था।

उस काल में हर व्यक्ति शिक्षित व जिज्ञासु बनने का प्रयास करता था। लोगों में संवेदनशीलता बढ़ती जा रही थी। जो लोग प्रतिभावान् थे वे प्राचीन यूनानी और रोमन सभ्यता के ज्ञान का विश्लेषण कर रहे थे। मध्य युग के लोगों के बारे में मानना था कि उस काल के लोग अज्ञानी थे। अब मान्यता बदल रही थी।

अब नए विद्वान् प्राचीन विद्वानों के जीवन के संबंध में, राजनीति के संबंध में, कानून एवं उनके विचारों का अध्ययन कर रहे थे। वर्तमान कलाकार प्राचीन

नाटकों, काव्यों, मूर्तिकला, स्थापत्य कला आदि का अध्ययन कर रहे थे और उनके आधार पर अपनी कला का विकास कर रहे थे।

अब कला का दृष्टिकोण भी बदल गया था। कलाकारों को जीवन के दु:ख व उदासियाँ उतना प्रभावित नहीं करते थे। अब वे जीवन में सौंदर्य अधिक देखते थे। उन्हें मानव के रग-रग में सौंदर्य दिखाई देता था।

पूरा वातावरण इतना जिज्ञासु हो चुका था कि जीवन का हर पहलू उसमें शामिल हो गया—विज्ञान, इतिहास, प्रकृति, कला आदि सभी। लोग नाक की त्रिआयामी तसवीर बनाने का भी प्रयास कर रहे थे और गंजेपन का इलाज ढूँढ़ने का भी। शरीर गरम कैसे रहता है, इसमें रक्त की क्या भूमिका है—यह प्रश्न भी लोगों को परेशान करने लगा था।

अनेक साहसी लोग दुनिया का ओर-छोर नाप रहे थे। उस समय यूरोप के लोगों के मन में भारत के बारे में अनेक जिज्ञासाएँ थीं। उस समय भी भारत सोने की चिड़िया माना जाता था, हालाँकि तब तक वह गुलाम हो चुका था। भारत की समृद्धि की झलक पाने के लिए यूरोपीय लालायित थे। क्रिस्टोफर कोलंबस और फिर वास्को-डि-गामा भारत की ओर रवाना हुए। फर्डिनेंड मैगलन ने पूरी दुनिया का चक्कर लगाया और यह सिद्ध करने का प्रयास किया कि दुनिया गोल है। इन नाविकों ने अपनी यात्रा के दौरान तरह-तरह के लोग देखे। उनका रहन-सहन, वेशभूषा खान-पान आदि सब देखा।

उस काल में समुद्री मार्ग से व्यापार बहुत बढ़ गया था। शहरों में रहनेवाला व्यापारी वर्ग तेजी से प्रगति कर रहा था। उसके पास अनाप-शनाप धन था और वह इस धन का उपयोग विलासिता की वस्तुओं को खरीदने, अनावश्यक उपभोग करने में कर रहा था। दूर-दूर से नायाब चीजें, जैसे उत्कृष्ट रेशमी वस्त्र आदि, आती थीं और भारी कीमत पर हाथोहाथ बिक जाती थीं।

धनी लोग कला, वास्तुकला एवं मूर्तिकला पर अंधाधुंध धन खर्च कर रहे थे। उन्हें असाधारण रूप से धनी होने पर किसी गलती का अहसास नहीं हो रहा था।

इन्हीं सब घटनाओं के बीच एक महान् घटना और घटी। जर्मनी में जोहान गुटेनबर्ग ने छपाई के लिए प्रेस का आविष्कार कर डाला था। इससे पहले पुस्तकों की कुछ प्रतियाँ ही तैयार हो पाती थीं, जबकि अब हजारों प्रतियाँ छपने लगीं। सोलहवीं सदी के प्रारंभ में यूरोप में एक हजार छापेखाने धड़ाधड़ छपाई कर रहे थे।

पुनर्जागरण काल की विशेषताएँ

पुनर्जागरण काल की अनेक विशेषताएँ रहीं, जो उसे पिछले काल से अलग करती हैं। इनमें से कुछ इस प्रकार हैं—

मानववाद—इस काल का यह सीखने का नया तरीका था। इससे पहले महान् विचार या अध्ययन दैवी माने जाते थे और उन्हें चुनौती देना या काटना संभव नहीं था। इस काल में अध्ययन के बाद जो कुछ भी उभरकर आता था उसे तर्क की कसौटी पर कसा जाता था। उसकी प्रायोगिक सत्यता की भी जाँच की जाती थी। अब लोग यह मानने लगे थे कि मनुष्य की प्रतिभा का कोई ओर-छोर नहीं है। इसके द्वारा बहुत कुछ किया जा सकता है। यही नहीं, प्राचीन ग्रंथों को नई दृष्टि से देखा और परखा जाने लगा था।

कला—नई दृष्टि का कला पर बहुआयामी प्रभाव पड़ा था। अब कलाकार अपनी कला में वास्तविकता लाना चाहते थे। वे प्रकाश व छाया के प्रभाव को दरशाते थे। वास्तविकता लाने के लिए कलाकार चीर-फाड़ भी किया करते थे। वास्तुकला में गणित का प्रयोग बहुतायत से होने लगा था। निर्माण कार्य में तरह-तरह के यंत्रों का उपयोग होने लगा था।

विज्ञान—विज्ञान के क्षेत्र में तो क्रांति आ चुकी थी। ब्रह्मांड को नए दृष्टिकोण से देखा जा रहा था। अब लोग हर प्राकृतिक घटना का वास्तविक कारण ढूँढ़ने लगे थे।

गणित का उपयोग बहुतायत में होने लगा था। नई खोजें चर्च को विडंबना में डाल रही थीं। पहले लोग चर्च से भय खाते थे, पर अब विज्ञान का दायरा चहुँओर बढ़ रहा था, यथा—खगोलशास्त्र, भौतिकी, जीवविज्ञान, शरीर-रचनाशास्त्र आदि।

धर्म—नई दृष्टि में मानववाद प्रमुख होता जा रहा था, जो कि धर्मनिरपेक्ष था। इस कारण समाज में चर्च व चर्च-विरोधियों के बीच तनाव बढ़ रहा था और चर्च की पकड़ कमजोर होती जा रही थी।

आम जन उपर्युक्त परिवर्तनों को समझ रहे थे और स्पष्ट अनुभव कर रहे थे। समय के साथ इटली के फ्लोरेंस शहर में जनमा पुनर्जागरण धीरे-धीरे यूरोप में फैलता जा रहा था। फ्रांस के राजा फ्रांकोयस ने जब इटली पर आक्रमण किया तो वह इटली से कला व कलाकार दोनों लेकर स्वदेश लौटा। लियोनार्डो द विंची भी उनके साथ ही था। उसने फ्रांस में अनेक महल व इमारतें तैयार करवाईं। इसी तरह अनेक लेखक, पेंटर, संगीतकार यूरोप के विभिन्न भागों में गए और उन्होंने नई दृष्टि

से लोगों को अवगत कराया। छपाई की व्यवस्था के कारण नए ज्ञान के फैलने में विलंब नहीं हुआ।

धीरे-धीरे यह पुनर्जागरण यूरोप के दूसरे किनारे, जैसे जर्मनी, हॉलैंड आदि तक पहुँचा और सोलहवीं सदी में यह इंग्लैंड पहुँच गया, जहाँ विलियम शेक्सपियर, जॉन मिल्टन, एडमंड स्पेंसर जैसे लेखकों ने नए विचारों को बुलंदियों पर पहुँचाया। नए परिवर्तनों का संगीत पर भी गहरा प्रभाव प्रड़ा। नए परिवर्तनों ने व्यवस्था पर भी गहरा प्रभाव डाला। श्रेष्ठ व प्रसिद्ध कलाकार अपनी कलाकृतियों का स्तर बनाए रखना चाहते थे और चाहते थे कि किसी भी परिस्थिति में कला का स्तर गिरे नहीं।

इसके लिए गिल्ड व्यवस्था को मजबूत किया गया था। अब किसी भी कलाकार के लिए कलाकृति बनाना और बेचना तभी संभव था जब वह पहले गिल्ड का सदस्य बने। हर कलाकृति पर गिल्ड की स्पष्ट मुहर लगना अनिवार्य था, जो कि गुणवत्ता की परिचायक होती थी।

अब धनी-मानी लोग कला पर बेतहाशा धन खर्च करने लगे थे। वे कलाकार को मोटी रकम देकर काम करवाते थे। उस काम को 'कमीशंड काम' कहा जाता था। इसका अर्थ होता था—धन के बदले किया गया काम।

पुनर्जागरण काल के पहले दौर में कलाकारों का दर्जा कुशल कारीगरों जैसे मोची, प्लंबर, बढ़ई जैसा ही होता था। कलाकारों को ज्यों-ज्यों ज्यादा पैसा मिलने लगा, वे अमीर होते गए और उनका रुतबा बढ़ता गया।

अकसर कई कलाकार मिलकर एक रचना तैयार करते थे। वे अपनी रचना पर हस्ताक्षर नहीं करते थे। कई बार तो चित्र मुख्य कलाकार, जैसे माइकेल एंजेलो, तैयार करता था और रंग भरने का काम उसके सहायक कर देते थे।

धीरे-धीरे पुनर्जागरण काल के कलाकारों—लियोनार्डो द विंची, माइकेल एंजेलो, राफेल आदि की प्रसिद्धि बेतहाशा बढ़ गई और उन्हें जानी-मानी हस्तियों में गिना जाने लगा।

पुनर्जागरण काल का मूल्यांकन

अनेक लोग उस काल का मूल्यांकन अलग-अलग तरीके से करते हैं। कुछ का यह मानना था कि यह पूँजीवादी व्यवस्था का आरंभ था और जिन लोगों के पास धन बढ़ रहा था वे इसे कला, साहित्य आदि में लगा रहे थे।

अनेक साहित्यकारों को इस युग में बुराइयाँ अधिक दिखाई देती थीं। उसका एक कारण था कि उस जमाने में धर्म के ठेकेदारों का अन्य के साथ जोरदार संघर्ष

हुआ। उनका यह मानना है कि कलाकारों की दृष्टि में परिवर्तन इन संघर्षों के कारण अधिक हुआ।

कुछ को अन्य बुराइयाँ नजर आईं, जैसे इस युग में लैटिन भाषा का पतन हुआ। इसी युग में मध्य युग की परंपराओं व विरासतों को उखाड़ने का क्रम प्रारंभ हुआ, जिसमें लैटिन भी उखड़ती चली गई। इस युग में आर्थिक मंदी भी आई थी। अनेक विद्वानों ने इसे 'प्रारंभिक आधुनिक युग' का नाम दिया।

नामकरण

जिस प्रकार औद्योगिक क्रांति पहले ही शुरू हो गई थी और लोगों को उसकी समझ बहुत बाद में आई और तब जाकर उसका नाम 'औद्योगिक क्रांति' रखा गया, उसी प्रकार पुनर्जागरण पहले घटा और उसके प्रभाव बाद में देखे गए। फ्रांस के एक इतिहासकार जूल्स मिचलेट (1798-1874) ने सन् 1855 में लिखी अपनी रचना 'हिस्तरी द फ्रांस' में इस शब्द 'रेनेसाँ' (पुनर्जागरण) का पहले-पहल उल्लेख किया। उनके अनुसार कोलंबस और कोपरनिकस से गैलीलियो का काल, जो कि पंद्रहवीं सदी के उत्तरार्द्ध से सत्रहवीं सदी के मध्य तक का काल है, इसके अंतर्गत आता है। उन्नीसवीं सदी के अन्य इतिहासकारों व साहित्यकारों ने धीरे-धीरे इसे एक विशिष्ट युग मान लिया।

□

जन्म

15 अप्रैल, 1452 को शनिवार का दिन था और रात के साढ़े दस बजे थे। इटली के एक भाग टस्कनी में पहाड़ी के ऊपर एक गाँव विंची में एक अविवाहित गरीब लड़की, जो नौकरानी का कार्य करती थी, ने एक बालक को जन्म दिया। कैटरीना नाम की यह सोलह वर्षीया लड़की एक धनाढ्‌य व्यक्ति सर पियरो द विंची से अत्यंत प्रेम करती थी; परंतु उस समय उस समाज में एक कुप्रथा फैली हुई थी कि जो लड़की या उसका परिवार दहेज की रकम की व्यवस्था नहीं कर पाता था, उसे अविवाहित ही रहना पड़ता था, और इस कारण कैटरीना को भी कुँआरी माँ ही बनना पड़ा।

पिता सर पियरो द विंची उच्च वर्ग का था। द विंची उसका पारिवारिक नाम नहीं था। यह उसके पैतृक गाँव विंची के नाम पर था। विंची गाँव इटली के बड़े व खूबसूरत शहर फ्लोरेंस के पास है। उस समय इस शहर से विंची तक खच्चर पर सवारी करके जाया जाता था।

बालक के जन्म के समय पियरो को सर (SER) की उपाधि मिल चुकी थी, जो एक नोटरी या मजिस्ट्रेट के समकक्ष थी। पियरो द विंची एक दीवानी वकील के रूप में कार्य करता था। उसकी चार पत्नियाँ थीं। लियोनार्डो के जन्म के एक साल के अंदर ही सर पियरो ने एक अन्य सोलह वर्षीया लड़की अलबेरा से विवाह कर लिया था।

उधर बालक लियो को उसके वास्तविक पिता पियरो के पास छोड़कर निराश गरीब कैटरीना ने एक गरीब युवक से विवाह कर लिया। इस प्रकार शिशु लियो के पास एक वास्तविक पिता, एक सौतेली माँ, एक वास्तविक माँ व एक सौतेला पिता था; पर किसी के भी पास उसके लिए समय नहीं था।

शीघ्र ही सर पियरो व उसकी नवविवाहिता पत्नी व्यवसाय के सिलसिले में

फ्लोरेंस चले गए और बालक लियो अपने बूढ़े दादा-दादी के पास विंची गाँव में ही पलने-बढ़ने लगा।

कभी-कभार लियो अपनी माता कैटरीना के पास भी जाता था, जहाँ उसे माँ का भरपूर प्यार मिलता था, पर सौतेले पिता के कारण उसे असहजता का अनुभव होता था। प्यार उसे अपने पिता के घर में भी मिलता था, क्योंकि वह अवैध ही सही, पर सर पियरो की पहली संतान था।

लियो को अपने चाचा का दीर्घकालीन व उपयोगी साथ मिला। चाचा फ्रांसिस्को अपने परिवार की जायदाद, बगीचों, खेती आदि की देखभाल करता था। बालक लियो अपने चाचा के साथ आस-पास घूमने जाता था। विंची गाँव के पास ही आर्नो नदी बहती थी। आस-पास पहाड़ी इलाके में प्रकृति की अनुपम सुंदरता पसरी पड़ी थी। सुंदर झरने, ताल व मोहक बगीचों की खूबसूरती ने बालक लियो के बाल मन पर अद्‌भुत छाप छोड़ी थी।

बालक लियो अद्‌भुत जिज्ञासु भी था। वह अपने चाचा से तरह-तरह के प्रश्न किया करता था। उसके प्रश्न प्रकृति से संबंधित होते थे और वह सभी पशु-पक्षियों के बारे में ज्यादा-से-ज्यादा जानना चाहता था। ऊपर से गिरते झरने, ठंडी हवा उत्पन्न करनेवाले बादल, उड़ती चिड़ियाँ, चमकते-रेंगते कीड़े उसके मस्तिष्क में तरह-तरह के प्रश्न खड़े कर देते थे, जिन्हें वह एक-एक करके अपने चाचा के सामने रखता जाता।

पर चाचा फ्रांसिस्को के पास इनके उत्तर नहीं थे। तत्कालीन यूरोपीय समाज सदियों पुरानी मान्यताओं से बँधा हुआ था। अकसर चाचा का उत्तर होता था कि यह सब ऐसा इसलिए है कि ईश्वर ने इसे ऐसा ही बनाया है।

पर बालक लियोनार्डो ऐसे उत्तर पाकर बिलकुल संतुष्ट नहीं होता था। विंची को अपने चाचा वैसे तो बहुत अच्छे लगते थे, पर प्रश्नों का वैज्ञानिक उत्तर न दे पाने के कारण बुद्धू से लगते थे। अब वह अकेला ही इधर-उधर घूमने लगा और प्राकृतिक दृश्यों की तसवीरें बनाने लगा। वह पेड़ों, चट्टानों, प्राणियों की सुंदर तसवीरें बनता। प्रारंभिक दौर की एक तसवीर, जिसमें तालाब में दो बत्तखें तैर रही हैं, विंची गाँव के आस-पास की ही है।

समय के साथ लियोनार्डो की चित्रांकन कला उत्कृष्ट व परिपक्व होती चली गई। जिस प्रकार छायाकार के गले में हमेशा कैमरा लटका रहता है, उसी प्रकार लियोनार्डो के हाथों में पेंसिल व स्केच पैड होता था। जो भी चीज उसकी आँखों को भा जाती उसे वह अपने स्केच पैड पर उतार देता था। अपनी नोट बुकों

का महत्त्व वह समझता था, क्योंकि उसमें न सिर्फ उसके स्केच होते थे वरन् तरह-तरह के विचार, प्रश्न, अवलोकन आदि भी दर्ज होते थे। वह जो भी सोचता, देखता (सामान्य स्थिति व सपनों दोनों में) उसे दर्ज करता चला जाता था। उसके प्रश्न इस प्रकार होते थे—

1. रेत के ढेर की ऊँचाई से उसकी चौड़ाई दोगुनी क्यों होती है ?
2. मृत शरीर पानी में क्यों तैरता है ?
3. चिड़ियाँ किस प्रकार उड़ान भरती हैं ?
4. यदि मुझे उड़नेवाली मशीन बनानी हो तो कैसे बनाऊँ ?

बालक लियोनार्डो के मन में विचार तेजी से उठते थे और उसके हाथ उन कल्पनाओं या दृश्यों को उतनी तेजी से दर्ज नहीं कर पाते थे। इस समस्या का हल निकालने के लिए उसने चित्रांकन का नया तरीका ईजाद किया—यह था विभिन्न अवयवों के लिए संकेत विकसित करना और फिर उनका प्रयोग करते हुए जल्दी से स्केच तैयार करना, जैसे यदि मनुष्य का चित्र बनाना हो तो—

(1) सिर के लिए 0 का प्रयोग करें।

(2) पैरों, बाँहों के लिए सीधी रेखा या वक्र रेखा का प्रयोग करें।

इस तरह एक कच्चा रेखाचित्र तैयार हो जाएगा। घर जाकर, इसे देखकर पूरा चित्र ढंग से तैयार किया जा सकता है।

लियोनार्डो ने अपनी कला को अधिकाधिक सशक्त बनाने के लिए एक और प्रयोग किया। उसने गत्ते के विभिन्न आकारोंवाले कुछ टुकड़े तैयार किए और उन्हें ऊँचाई से फेंका। इसके बाद उसने तत्काल उनके गिरने की मुद्राओं का चित्र तैयार करना प्रारंभ कर दिया। इस प्रकार वह न सिर्फ अपनी चित्रकला में गति लाया वरन् उसने अपने हाथों व आँखों के बीच बहुत अच्छा समन्वय विकसित कर लिया।

ज्यों-ज्यों लियोनार्डो की आयु बढ़ी, उसकी कलाओं में भी वृद्धि होती गई। टस्कन इलाके की प्राकृतिक वादियों में घूमते हुए उसने सजावट की कला भी सीख ली। विशेष बात यह थी कि उसकी सजावट की कला में आविष्कारी भाव भी था और उपयोगिता में वृद्धि की आकांक्षा भी।

एक बार एक स्थानीय किसान ने एक पेड़ काटा और उसके तने से एक चपटी डिस्क तैयार की। उसकी इच्छा थी कि इसे एक ढाल की तरह इस्तेमाल किया जाए, पर वह इसे सजाना भी चाहता था, ताकि यह सुंदर व आकर्षक लगे।

वह इसे लेकर सर पियरो के पास आया और निवेदन किया कि फ्लोरेंस के किसी अच्छे पेंटर से इसकी सजावट करवा दें। सर पियरो ने किसान को उसकी

संभावित कीमत बता दी और उस ढाल को अपने कलाकार बेटे को दे दिया। शायद वह अपने कलाकार बेटे की परीक्षा लेना चाहते थे।

किसान द्वारा लाई गई ढाल टेढ़ी-मेढ़ी थी। लियोनार्डो ने सर्वप्रथम उसे सीधा किया। फिर उसे पॉलिश किया और उस पर बेहतरीन वार्निश लगाई। इस काम में उसे बड़ा आनंद आया। उसके बाद उसने तय किया कि क्यों न इसपर एक डरावनी तसवीर बनाई जाए। इसके लिए उसने मरी हुई छिपकलियाँ, चमगादड़, साँप जैसे जीव एकत्रित किए। अब उसने इन भयानक व डरावने जीवों के कुछ अंग काटे और अपनी कल्पना के आधार पर उन्हें जोड़कर एक नया काल्पनिक व वीभत्स जीव तैयार कर दिया, जिसमें चमगादड़ के पंख थे और अन्य जीवों के हाथ-पैर, पूँछ आदि।

इसके बाद उसने इसकी तसवीर उस ढाल पर बनाई, जो देखनेवाले को बहुत डरावनी लग रही थी। जब उसने इसे अपने पिता को दिखाया तो वे भी इसे देखते ही डर गए। बालक लियो ने कहा कि ढाल तो ऐसी होनी चाहिए कि आक्रमण करनेवाला डर जाए।

व्यावसायिक बुद्धिवाले वकील सर पियरो ने फ्लोरेंस से एक दूसरी सस्ती ढाल मँगवाई और उस किसान को दे दी। किसान उसे लेकर खुश हो गया और उसका मूल्य चुका दिया। इसके बाद सर पियरो ने लियोनार्डो द्वारा बनाई गई ढाल को एक व्यापारी को बेचा और मोटी रकम प्राप्त की। व्यापारी ने उस ढाल को स्थानीय राजा को बेचा और उससे बड़ा मुनाफा कमाया।

□

औपचारिक शिक्षा से वंचित

समय के साथ लियोनार्डो की कल्पना-शक्ति बढ़ती चली गई। उसे हर चीज में अर्थ व सौंदर्य दिखाई देने लगा। चाहे वह दीवार में लगे दाग ही क्यों न हों, वह उन्हें भी पर्वतों, वादियों के रूप में देखने, जोड़ने-तोड़ने लगा।

वह पूरे-पूरे दिन वादियों, जंगलों में घूमता रहता और वृक्षों के फलों को खाकर गुजारा करता था। वह प्रकृति को विज्ञान की नजर से देखता था और हर चीज में कारण खोजता था।

उस काल में उस गाँव में पढ़ाई का चलन बहुत कम था। फिर भी लियो को स्थानीय पादरी के पास भेजा गया, जिन्होंने उसे थोड़ा-बहुत लिखने-पढ़ने के अलावा अंकगणित भी सिखाया।

पर लियोनार्डो अपनी आदतों से मजबूर था। उसके मन में प्रश्न उमड़ते रहते, जैसे—

ये अंगूर इसी आकार के क्यों होते हैं ?

ऊन सिर्फ भेड़ों के शरीर पर ही क्यों होती है ?

ये छोटे-छोटे धीमे चलनेवाले घोंघे इस तरह क्यों चमकते हैं ?

बेचारा चकित पादरी इन सवालों से परेशान हो जाता और बार-बार एक ही उत्तर दे पाता था कि हर चीज ऐसी इसलिए है, क्योंकि ईश्वर ने उसे इसी प्रकार बनाया है। खीजा हुआ लियोनार्डो मन-ही-मन सोचता कि इस पादरी से पढ़ने से क्या लाभ ? यह उत्तर तो उसके चाचा ही दे देते थे।

शिक्षक व छात्र दोनों जल्दी ही एक-दूसरे से ऊब गए। बात पिता सर पियरो तक पहुँची। दूरदर्शी सर पियरो ने भाँप लिया कि उसका अद्‌भुत कुशाग्रबुद्धि पुत्र न तो इस प्रकार की शिक्षा के लायक है और न ही इस गाँव में रहने लायक।

अतः किशोरावस्था में ही लियोनार्डो अपने पिता के साथ फ्लोरेंस चला

गया। खच्चर की सवारी करके फ्लोरेंस पहुँचने में उसे पूरा एक दिन लग गया। यह यात्रा काफी पीड़ादायक थी।

पर फ्लोरेंस पहुँचकर लियोनार्डो का मन प्रसन्न हो गया। हालाँकि वहाँ मच्छर बहुत थे, जो बुरी तरह काटते थे, पर शहर की चकाचौंध ने उसे चकित कर दिया। वह लोगों की सुंदर पोशाकें देखकर भी प्रभावित हुआ और उनके घोड़ों से भी, जो सुंदर डील-डौलवाले थे और तेज दौड़ते थे।

उसने यहाँ के शिक्षित व प्रतिभावान्, सृजनात्मक प्रकृतिवाले लोगों को देखा, जो इस सुंदर शहर में बड़ी संख्या में थे। उनमें से अनेक विदेशी थे, जो वहाँ पर व्यापार करते थे। पर उनमें से ज्यादातर बहुत ऊँचे कला-प्रेमी थे।

उसने अनेक कुलीन लोगों को देखा। उसने उस परिवार को भी देखा जहाँ पर उसके पिता काम किया करते थे। उन धनवान लोगों की जीवन-शैली देखकर उसकी आँखें चौंधिया गईं। अब उसके पिता ने यह सोचा कि इस होनहार बेटे को क्या बनाया जाए? वे उसका जीवन उपयोगी बनाने की सोच रहे थे, ताकि वह खूब धन कमाए।

पर पिता के समक्ष समस्याएँ भी कम नहीं थीं। तत्कालीन समाज के कानूनों के अनुसार अविवाहित माता-पिता की संतानों को उच्च पेशा अपनाने की अनुमति नहीं थी। ऐसे लोग न तो सॉलिसिटर बन सकते थे और न ही डॉक्टर या बैंकर। अतः लियोनार्डो को भी लगा कि ऐसे में विश्वविद्यालय जाकर लैटिन, ज्यामिति, कानून जैसे जटिल विषय पढ़ने से क्या लाभ?

उस समय फ्लोरेंस में आंद्रे डेल वीरोचियो नामक जाने-माने कलाकार का एक प्रसिद्ध स्टूडियो था। वीरोचियो के इस स्टूडियो में समाज के अन्य छोटे-बड़े वर्गों के युवा प्रशिक्षण पा रहे थे। किशोर लियोनार्डो अब इन्हीं के साथ निस्संकोच रहने लगा और यहीं पर नवीन कला की साधना में जुट गया।

□

अद्‌भुत प्रशिक्षक से प्रशिक्षण

आंद्रे डेल वीरोचियो का जन्म सन् 1435 में हुआ था। उसका निजी जीवन अनेक उतार-चढ़ावों से भरा था। जब वह किशोर था तो अपने एक मित्र के साथ निर्जन वन में घूमने निकल गया। तभी किसी का फेंका पत्थर उसके मित्र के सिर में आकर लगा और इलाज के अभाव में तथा काफी रक्त बह जाने के कारण उस मित्र ने अपना दम तोड़ दिया।

दुर्भाग्यवश लोगों का संदेह वीरोचियो पर गया कि उसने अपने साथी को मार डाला है। उसे पकड़कर जेल में डाल दिया गया। पर शीघ्र ही वह अदालत को यह विश्वास दिलाने में सफल हो गया कि मित्र की मृत्यु एक दुर्घटनावश हुई थी। वह जेल से छूट गया, पर इस घटना का किशोर वीरोचियो के हृदय पर गहरा प्रभाव पड़ा। बाद के काल में उसने एक पौराणिक चरित्र की मूर्ति के हाथ में पत्थर के स्थान पर तलवार पकड़ा दी, क्योंकि पत्थर से होनेवाली तड़पती हुई मौत को वह देख चुका था। हालाँकि इस कलाकृति पर गहरा विवाद हुआ और लोगों ने वीरोचियो को खूब खरी-खोटी सुनाई।

बाद में जब वीरोचियो बड़ा हुआ तो उसने एक प्रशिक्षु के रूप में एक स्वर्णकार के यहाँ काम किया। अद्‌भुत गुणों का धनी वीरोचियो धीरे-धीरे हर कला में पारंगत होता चला गया, जैसे—मूल्यवान् धातुओं पर नक्काशी करना, जेवरात डिजाइन करना, पिघली धातुओं को तरह-तरह का रूप देना आदि।

शीघ्र ही वह एक ख्यातिप्राप्त मूर्तिकार और पेंटर बन गया। उसकी ख्याति तब और बढ़ गई जब तेईस वर्ष की आयु में उसे एक अति धनाढ्य व शक्तिशाली व्यक्ति की कब्र का पत्थर डिजाइन करने का काम मिला। इस काम ने उसे राजकीय मूर्तिकार का दर्जा दिलाया। इसके बाद वीरोचियो के पास काम की भरमार हो गई। उसका व्यवसाय तेजी से चल निकला।

वीरोचियो ने फ्लोरेंस में लैब स्ट्रीट पर अपना एक स्टूडियो शुरू किया, जहाँ अनगिनत कलाकार व प्रशिक्षु काम किया करते थे। वह वास्तव में कला का युग था। कलाकार लगातार कड़ी मेहनत किया करते थे। वे हर प्रकार के कला-कार्य में पारंगत होने का प्रयास करते थे। इसके लिए उन्हें प्रशिक्षण के दौरान कड़ी मेहनत करनी पड़ती। उनका यह प्रशिक्षण दस वर्षों तक चलता रहता था। उस जमाने के कलाकार अपनी प्रवीणता का भरपूर उपयोग करते हुए ऐसी कलाकृतियाँ तैयार करते थे जो देखते ही मन मोह लेती थीं और टिकाऊ भी होती थीं। उनमें विविधता भी होती थी, जैसे—मूर्ति बनाना, तराशना, चित्र तैयार करना, वनस्पतियों का चित्र इस प्रकार तैयार करना, ताकि उनका बारीकी से गहन अध्ययन हो सके, पेंटिंग के लिए रंग तैयार करना। इसके लिए प्राकृतिक रूप से उपलब्ध सामग्री को कूटा, पीसा व मिलाया जाता था। पेंटिंग के लिए पैनल आदि तैयार करना, कपड़े रँगना-सुखाना, मशीनरियों की तरह-तरह से ड्राइंग तैयार करना।

वीरोचियो जैसे अनेक प्रसिद्ध कलाकार उस समय फ्लोरेंस में थे और उनके स्टूडियो शहर के प्रसिद्ध स्थानों पर थे। इन स्टूडियो में लियोनार्डो जैसे अनगिनत छात्र नक्शे तैयार करने, चित्र बनाने, रँगने, मूर्ति बनाने, स्वर्णकारी करने जैसे काम सीखते थे।

प्रशिक्षण के पहले वर्ष में इन छात्रों को 'डिसपोलोस' कहा जाता था। ये लोग रंगरूट की तरह पुराने कलाकारों के सहायक के रूप में काम करते थे। उनके कार्यों में शामिल थे—

1. सीखनेवालों को अकसर बाजार से आवश्यक सामान लाने के लिए दुकानों की ओर दौड़ा दिया जाता था।
2. उन्हें चिपकानेवाला पदार्थ, जैसे ग्लू, वार्निश आदि गरम करने के लिए दिया जाता था।
3. पेंट करनेवाला ब्रश साफ करने से लेकर फर्श पर झाड़ू लगाने तक के कार्य ये सीखनेवाले किया करते थे।

जब ये प्रशिक्षु कलाकार अपने वरिष्ठ के साथ रहते थे तब तक तो वे किया जा रहा काम देखते थे और सहायक के रूप में आदेश का पालन करते थे। बाद में खाली समय में वे सीखे गए काम को सुधारने के लिए लगातार अभ्यास करते थे।

लियोनार्डो जब वीरोचियो के स्टूडियो में आया तब उसका काम अपने चरम पर था। उसके स्टूडियो में हर प्रकार का काम होता था, जैसे—फर्नीचर तैयार करना, मूर्तियाँ तैयार करना, पेंटिंग बनाना, पत्थर तराशना, नक्काशी करना, बैनर व कोट

आदि की डिजाइन तैयार करना, सोने-चाँदी का काम करना, सैन्य मशीनरी व कवच-ढाल आदि तैयार करना, टेराकोटा तैयार करना आदि।

लियोनार्डो ने बतौर प्रशिक्षु न सिर्फ काम सीखा वरन् तमाम शरारतें भी कीं। कई बार जब उसके वरिष्ठ कलाकार ने उसे दुकान से सामान लाने को कहा तो वह बिना यह पूछे कि क्या लाना है, दुकान की ओर दौड़ गया। पीछे शिक्षक झाँकता रह गया। इसी तरह चिपकानेवाला ग्लू व वार्निश गरम करने के लिए कहा गया तो वह उसे आग पर रखकर गायब हो गया। कई बार वह अपने शिक्षक के कपड़ों से पेंट ब्रश पोंछ देता और ब्रश करनेवाली कूची से फर्श साफ करने लगता।

शिक्षक से पड़नेवाली डाँट-डपट से वह परेशान नहीं होता था और मौका पड़ने पर अपने शिक्षक व अन्य वरिष्ठ लोगों के कार्टून बनाने से भी नहीं चूकता था।

प्रशिक्षण का एक वर्ष पूरा होने के पश्चात् प्रशिक्षुओं को 'गारजोनी' कहा जाता था। अब उन्हें एक पूर्ण कलाकार बनाने की तकनीकों को विकसित करने व उनमें दक्षता हासिल करने के लिए तैयार किया जाता था। इसके लिए उस समय अनेक तकनीकें काफी लोकप्रिय थीं।

उस समय धार्मिक तसवीरें, जो कपड़ों पर तैयार की जाती थीं, अत्यंत लोकप्रिय थीं। इसके लिए कपड़े का चयन, उसे उचित आकार व स्वरूप में मोड़ना आदि महत्त्वपूर्ण होता था। स्टूडियो में वरिष्ठ कलाकार इन कपड़ों पर पेंटिंग करते थे और प्रशिक्षु बाइबिल आधारित उन तसवीरों की प्रतिलिपियाँ तैयार करते थे। इसके लिए कपड़े को विशेष रूप से नीचे परत देकर तैयार किया जाता था, ताकि वह अनावश्यक रूप से तुड़े-मुड़े नहीं।

इसी तरह चित्रकारी हेतु नई प्रकार की कला सामग्री तैयार की जाती थी। इनमें विभिन्न प्रकार के रंग, कैनवास तथा तरह-तरह की कूचियाँ शामिल होती थीं। प्रशिक्षु बड़ी मेहनत से इन्हें तैयार करते थे।

विभिन्न रंगों को तैयार करने के लिए तरह-तरह की सामग्री को एकत्रित करके मिलाकर कूटा-पीसा जाता था। उसमें निर्जीव पदार्थ, जैसे—पत्थर, मिट्टी, कीमती पदार्थ—कीमती रत्न तथा अन्य प्राकृतिक पदार्थ, जैसे—वनस्पतियाँ, जीवित पदार्थ जैसे—कीड़े, घोंघे आदि होते थे जिन्हें पीस-पीसकर रंग तैयार किए जाते थे।

इसी तरह विभिन्न प्रकार की कूचियाँ तैयार की जाती थीं। मुलायम बालों के लिए अनेक प्राणियों के बाल एकत्रित किए जाते थे। इसके बाद इन बालों को चिड़ियों के पंखों की डंठल, जो खोखली होती है, में लगाया जाता था। उसके ऊपर

लकड़ी का हैंडल लगा दिया जाता था। कड़ा ब्रश बनाने के लिए सुअर के बालों का प्रयोग किया जाता था। इस ब्रश को मुलायम बनाने के लिए इनसे दीवारों पर सफेदी भी की जाती थी।

इसी तरह कलाकार जब-जब लकड़ी के पैनल पर तसवीर बनाते थे तो पहले उस पैनल को पानी में उबाला जाता था। इससे उस पैनल के बाद में फटने का खतरा नहीं रहता था। इसके बाद उनपर जानवरों की चमड़ी से निकलनेवाले एक चिपचिपे पदार्थ की परत चढ़ाई जाती थी। अंत में पूरी सतह को समतल व चिकना बनाने के लिए पानी व चॉक का मिश्रण, जिसे उस समय 'गोसो' कहा जाता था, को पोता जाता था।

धीरे-धीरे जब प्रशिक्षु पारंगत होते जाते थे तो उन्हें और जिम्मेदारियाँ दी जाती थीं। उन्हें महत्त्वपूर्ण कार्य, जैसे इमारतों, पेड़ों आदि पर तसवीरें बनाने का काम दिया जाता था। वे किसी तैयार पेंटिंग को पृष्ठभूमि में रखकर तसवीरें तैयार करते थे। ऐसा वे तभी करते थे जब उस समय की पेंटिंग के दोनों तरीकों से परिचित होते थे। ये तरीके थे—

अंडा टेंपरा पेंटिंग—इस प्रकार की पेंटिंग के अंतर्गत रंगों को पानी व अंडे की जरदी के साथ मिलाया जाता था। यह टेंपरा पेंट बहुत जल्दी सूख जाता है और यदि कलाकार गलती कर जाता तो उसे इसके ऊपर पेंट करना पड़ता था।

ऑयल (तैलीय) पेंटिंग—पंद्रहवीं सदी से ही अनेक छोटे-छोटे देशों में कलाकारों ने तैलीय पेंटिंग प्रारंभ कर दी थी और यह कला इटली तक जा पहुँची, जिसने टेंपरा पेंटिंग की जगह लेना प्रारंभ कर दिया। इसके अंतर्गत रंगों को तेल में मिलाया जाता था। लिनसीड जैसे तेल में मिलाने से उत्कृष्ट रंग उभरते थे। यह पेंट धीरे-धीरे सूखता था और यदि कलाकार के द्वारा चित्रांकन में गलती भी हो जाती थी तो वह उसे ठीक कर लेता था।

इस प्रकार वह युग कला के बदलाव का युग था, जिसमें होनहार प्रशिक्षु जल्दी ही पारंगत हो जाते थे। वे अपने काम के लिए नए-नए तरीके स्वयं ही विकसित कर लेते थे। ऐसा तो आज भी होता है। लियोनार्डो भी समय के साथ चित्रकला में पारंगत होता चला गया।

□

त्रिआयामी तसवीरें

पुनरुद्धार युग से पूर्व कलाकार द्विआयामी तसवीरें ही बनाया करते थे और तीसरे आयाम के बारे में उनके लिए सोचना कठिन था। मध्य युग की पेंटिंग्स हालाँकि अति सुंदर होती थीं, पर वे ऐसी लगती थीं मानो गत्ते के टुकड़ों पर बनी हों या फिर उन्हें आवश्यकतानुसार चिपका दिया गया हो। वे तीसरे आयाम जैसी गहराई को नहीं दरशा पाती थीं और इस कारण युद्ध के दृश्य बड़े नीरस लगते थे।

इसके अलावा पंद्रहवीं सदी से पूर्व के कलाकार बड़े निष्पक्ष भाव से चित्र आदि बनाते थे। उनके चित्रों से यह नहीं पता चलता था कि चित्र में दरशाया गया व्यक्ति समाज में क्या स्थान रखता है। वह राजा, किसान, भिखारी सभी को एक जैसा ही चित्रित कर देता था।

पुनरुद्धार के युग में कलाकारों, वास्तुविदों व अन्य प्रतिभावान् लोगों का आपस में मिलन हुआ। इसी के साथ कला, गणित, विज्ञान आदि विषयों का भी संगम हुआ। इसके साथ ही कलाकारों की दृष्टि व्यापक होती चली गई और उनके काम में गहराई आने लगी। अब वे मात्र चित्र ही नहीं बनाते थे वरन् बीच की खाली जगह में दूरियाँ, ठोसपन, चपटापन आदि भी कुशलता से दरशाने लगे।

इस युग की कला में जो नई चीजें सामने आईं वे थीं प्रकाश व छाया के प्रभावों का अंकन। उदाहरण के लिए, यदि किसी फुटबॉल का चित्र बनाना हो तो उसमें प्रकाश का स्रोत स्पष्ट होता है। इस स्रोत के अनुरूप गोले का भाग तथा भूमि का तल छाया में होता है। इस प्रकार का चित्र काफी वास्तविक लगता है।

इसी तरह चित्र विभिन्न कोणों से बनाए जाने लगे। इन कोणों के अनुसार लंबाई में परिवर्तन दिखने लगा। विभिन्न दीवारों, सड़कों, नदियों की तसवीरें इस प्रकार बनने लगीं, ताकि मस्तिष्क में उनका दूसरा बिंब न दिखाई दे और दूरी का स्पष्ट अहसास हो।

पंद्रहवीं सदी के तीसरे दशक में मसासियो नामक कलाकार ने 'ट्रिनिटी' शीर्षक से एक कलाकृति तैयार की, जिसमें सूली पर जीसस ईश्वर व पवित्रात्मा के साथ दरशाए गए। इस तसवीर में गजब की जीवंतता थी।

आज के युग में ये बातें अति सामान्य लगती हैं, पर पंद्रहवीं सदी में इन कलाकृतियों को देखकर लोग उसी प्रकार आनंद लेते थे जिस प्रकार बीसवीं सदी में लोग स्टीरियोफोनिक गाने की गहराई का आनंद लेते थे।

इन नई-नई तकनीकों से लियोनार्डो इतना प्रभावित हुआ कि उसने इसका उल्लेख अपने एक निबंध में किया है। दुर्भाग्यवश उसके अन्य निबंधों की ही तरह यह निबंध भी आजकल उपलब्ध नहीं है।

लियोनार्डो ने न केवल उस कला को सीखा वरन् उसे चुनौती की तरह लिया और उसमें इस प्रकार सुधार के प्रयास किए, ताकि चित्र अधिक-से-अधिक वास्तविक व जीवंत लगें। वीरोचियो के यहाँ रहते हुए उसने त्रिआयामी चित्र न सिर्फ स्वयं बनाए वरन् अपने साथ के अन्य युवाओं को भी ऐसे चित्र बनाने के लिए प्रेरित किया।

एक अन्य विशेष बात यह थी कि वह अपने चित्रों में शुद्धता पर अत्यधिक जोर देता था। साथ ही जिस किसी विषय पर वह चित्र बनाता था, उसे अधिकाधिक जीवंत बनाने का प्रयास करता था। वह आवश्यक पहलुओं को विस्तार व त्रिआयामी रूप में दरशाने का प्रयास करता था तथा हमेशा यह प्रयास करता था कि चित्रांकन व पेंटिंग का कार्य आसान होता चला जाए।

अपने उद्देश्य को पूरा करने के लिए उसने एक छोटा सा कला सहायक उपकरण भी बनाया, जिसे वह अकसर अपने चित्र में दरशाए गए पात्रों के आकार-प्रकार व उनके बीच के अनुपात को जाँचने के लिए उपयोग करता था। इस उपकरण को लियोनार्डो ने 'ट्रेनीस वर्क' नाम दिया था, पर अब उसे लोग पर्सपेक्टोग्राफ कहते हैं।

यह एक साधारण सा उपकरण था, जिसमें दिशा-निर्देशों का जाल बना था जो सूती धागों के बने थे। लियोनार्डो उन्हें ऊर्ध्वाधर रूप में रखता था और उनकी स्थिति को लगभग 3 सेंटीमीटर की दूरी से देखता था। इस ग्रिड अर्थात् जाली के जरिए देखने से व्यक्ति की अपनी बनाई जानेवाली भावी तसवीर या पेंटिंग बराबर आकारवाले वर्गों में बँटी दिखाई देगी। अब यदि कलाकार एक ड्राइंग पेपर लेकर हर वर्ग को तैयार करे तो वैसे तमाम वर्ग तैयार हो जाएँगे। अब वह इन वर्गों पर अपने चित्र बना सकता है और उसके लिए उसे किसी सहायक उपकरण की आवश्यकता भी नहीं पड़ेगी। चित्र तैयार करने के पश्चात् उपर्युक्त उपकरण की सहायता से चित्र

की शुद्धता को नापा जा सकता है।

लियोनार्डो चित्र बनाने के लिए पहले भावी चित्र को अपने मन में अंकित कर लेता था। इसके लिए उसने एक अद्‌भुत तरीका विकसित किया था। वह चित्र के एक पहलू को निहारता और तब तक निहारता रहता जब तक वह वस्तु उसके मस्तिष्क में बैठ नहीं जाती थी। इसके बाद वह दूसरे और फिर उसी तरह तीसरे पहलू पर जाता था। अंततः पूरी तसवीर का खाका उसके मस्तिष्क में उतर आता था।

उस काल में लियोनार्डो जैसे अनेक प्रतिभावान् कलाकार संघर्ष कर रहे थे। उन्होंने काफी कुछ कर दिखाया भी, पर वे लियोनार्डो की भाँति ख्याति प्राप्त नहीं कर पाए। उनमें से एक था सांड्रो बोटिसेली, जो लियोनार्डो से आयु में लगभग सात वर्ष बड़ा था। वह भी इसी काल में फिलिप्पो लिप्पी के स्टूडियो में लियोनार्डो की ही भाँति प्रशिक्षण ले रहा था।

लियोनार्डो व बोटिसेली में अच्छी मित्रता हो गई थी। बोटिसेली एक मजाकिया इनसान था और समय-समय पर चुटकुले छोड़ा करता था। बोटिसेली ने अपने समकालीन युवा कलाकारों की भाँति अनेक गरम तसवीरें भी बनाईं। मेडिची परिवार के लिए बनाई गई उसकी एक तसवीर 'वीनस का जन्म' अत्यंत लोकप्रिय हुई। इसमें रोम की प्रेम की देवी वीनस को एक विशाल सीपी में से निकलते हुए दिखाया गया है।

उपर्युक्त तसवीर को देखकर लोग अलग-अलग अर्थ निकालते थे। कुछ के अनुसार विशाल सीपी एक राक्षस था, जो वीनस देवी को खा गया था। बाद में बोटिसेली ने अनेक तसवीरें बनाईं और वे सब धार्मिक थीं। उसने रोम में सिस्टीन चैपल की सजावट के लिए भी काम किया। पर उसे केवल दीवारों की सजावट की ही अनुमति दी गई थी। छत की सजावट का काम माइकेल एंजेलो नामक लोकप्रिय कलाकार को दिया गया था, पर इसका मुख्य कारण यह था कि माइकेल एंजेलो की बाँहें बोटिसेली से लंबी थीं।

बोटिसेली का अपना युग तब आया जब सवोनारोला फ्लोरेंस का शासक बना। वह अन्य प्रकार की सजावटी व मनोरंजक कलाओं का विरोधी था और लोगों को ईश्वर का डर दिखाकर उन कलाओं के अभ्यास, प्रयोग आदि से रोकता था।

इस काल में बोटिसेली ने तमाम धार्मिक तसवीरें बनाईं। ये तसवीरें अत्यंत धार्मिक थीं, पर लियोनार्डो किसी एक दिशा या तकनीक तक सीमित नहीं रहा। वह लगातार अपनी साधना में रत रहा और उसने हर प्रकार की कला को आजमाया।

☐

शिष्य ने गुरु को परास्त किया

समय के साथ लियोनार्डो युवा हुआ। सन् 1470 में जब वह अठारह वर्ष का हुआ तब एक आकर्षक युवक बन चुका था। उसका शारीरिक गठन ऐसा था मानो वह कुशल धावक हो। उसकी दृष्टि अद्‌भुत थी और वह हर चीज को अलग नजरिए से देखता था। वह इतना बलिष्ठ था कि घोड़े की नाल को एक हाथ से ही मोड़ देता था।

पर बचपन से प्रकृति-प्रेम ने उसे अत्यंत उदार हृदय बना दिया था। लियोनार्डो इतना प्रकृति-प्रेमी और जीवों से प्रेम करता था कि पिंजरे में बंद पक्षियों को दुकानदारों से खरीदकर उन्हें स्वतंत्र, खुली हवा में उड़ने के लिए छोड़ देता था।

वह अत्यंत व्यस्त रहता था। उसके पास नोटबुकों का भंडार था। इन नोटबुकों में अद्‌भुत तथ्य, नवीनतम विचार, विचारोत्तेजक चित्र आदि दर्ज थे। पर उसे उन्हें प्रकाशित करने की कोई जल्दी नहीं थी, हालाँकि जोहान गुटेनबर्ग द्वारा आविष्कृत छपाई की मशीन लोकप्रिय हो चुकी थी। उसे इस बात का डर हमेशा लगा रहता था कि कहीं कोई उसकी इन नोटबुकों में सुरक्षित ज्ञान के सागर को चुरा न ले।

प्रारंभ में लियोनार्डो का झुकाव कला की ओर ज्यादा था, पर ज्यों ही उसके कला संबंधी प्रयोग रंग लाए, उसका झुकाव विज्ञान की ओर भी हो गया। गुरु वीरोचियो का भी उसपर पूरा विश्वास जम गया था और वह उसे तमाम वैज्ञानिक प्रयोगों, प्रयोग संबंधी गणितीय गणनाओं में शामिल करने लगा था।

सन् 1470 की बात है, वीरोचियो के स्टूडियो में काँसे की धातु का एक विशाल गोला आया था, जो 6 मीटर व्यास का था और उसका वजन 2 टन से ज्यादा ही था। यह गोला ब्रुनेलशी की गुंबद पर लगाया जाना था।

वीरोचियो ने इसे वहाँ लगाने के संबंध में तमाम उपलब्ध वैज्ञानिक फॉर्मूले

इस्तेमाल किए और गणितीय ज्ञान का उपयोग किया। उसका इरादा था कि उसे गुंबद के ऊपर नुकीले स्थान पर मजबूती से लगाना चाहिए, ताकि यह स्थिर रहे और सहारे के लिए विभिन्न स्थानों पर जंजीरों से अच्छी तरह बाँधा जाए। सभी को डर लग रहा था कि यह तेज आँधी में अलग होकर नीचे न आ गिरे।

विशेष बात यह थी कि लियोनार्डो के लिए यह पहला अवसर था जब उसने विज्ञान व कला के बीच घालमेल देखा। चीज सुंदर भी लगे और मजबूती भी बनी रहे। दोनों पक्षों को देखकर उसे लगा कि विज्ञान व कला एक-दूसरे से जुड़े हुए हैं और उन्हें अलग नहीं किया जा सकता है।

उन्नीस वर्ष की आयु में लियोनार्डो वीरोचियो के स्टूडियो में दूसरा स्थान प्राप्त कर चुका था। वीरोचियो अब उसपर काफी विश्वास करने लगा था और उसने उसे पर्याप्त स्वतंत्रता भी दे रखी थी। अब वह खाली समय में संगीत सुनता था और विविध वाद्ययंत्र बजाता भी था। उसे गुलाबी वस्त्र शीतल लगते थे और वह इन्हें ही पहनना पसंद करता था।

स्टूडियो में भी लियोनार्डो अब नया व विचित्र काम करना पसंद करता था। ब्रुनेलशी, जिसकी तैयार गुंबद पर गोला लगना था, एक पुराना व परिपक्व कलाकार था। वह चाहता था कि आसमान में विचरण करते पक्षी अचानक छा जाएँ और प्रकाश के पुंज चमकने लगें। इस अद्भुत नजारे के लिए प्रयोग हो रहे थे। लियोनार्डो ने भी इस उद्देश्य हेतु एक कबूतर तैयार किया था, जिसे वह एक रस्सी की सहायता से ऊपर-नीचे करने में सफल हो गया था। उस समय एक प्रशिक्षु के लिए ऐसी डिजाइन तैयार करना एक अद्भुत कार्य था। तभी पता चला कि मिलान का राजा फ्लोरेंस के दौरे पर आनेवाला था। लोरेंजो द मेडिची उसके सामने फ्लोरेंस को एक अद्भुत रूप में प्रस्तुत करना चाहता था।

जब वहाँ राजा का पदार्पण हुआ तो उसके सामने अद्भुत चीजों की प्रदर्शनी लगाई गई। लियोनार्डो को विश्वास था कि राजा इससे अवश्य ही प्रभावित हुआ होगा।

अंततः 27 मई, 1471 का दिन आ गया, जब वह विशाल गोला उस समय की तैयार की गई क्रेनों की सहायता से गुंबद के शीर्ष पर स्थापित कर दिया गया। ब्रुनेलशी ने इसके लिए वर्षों परिश्रम किया था। सभी लोगों को वह नजारा अद्भुत लगा और लियोनार्डो ने अपनी पुरानी प्रवृत्ति के कारण उसकी पूरी तसवीर बना डाली। इस अवसर पर पूरा फ्लोरेंस वहाँ पर जुटा था और उत्सव जैसा माहौल था। भीड़ नारे लगा रही थी। लियोनार्डो को यह अद्भुत घटना आजीवन याद रही।

सन् 1472 में वीरोचियो को एक मठ की दीवार पर ईसा मसीह के ज्ञान प्राप्त करने के दृश्य को बनाना था। कुछ पादरी यह कार्य करवाना चाहते थे। इस चित्र में जीसस को जॉर्डन नदी के किनारे खड़ा हुआ दिखाया गया था और पास में सेंट जॉन खड़े उनके सिर पर पानी छिड़क रहे थे। कुछ देवदूत घुटनों के बल खड़े होकर प्रार्थना कर रहे थे।

वीरोचियो ने निर्णय किया कि चूँकि लियोनार्डो अब एक परिपक्व चित्रकार बन चुका है, अतः उसने एक देवदूत का चित्र बनाने का कार्य उसे सौंप दिया। अपनी अद्‌भुत कला का प्रदर्शन करते हुए लियोनार्डो ने देवदूत का चित्र ऐसा बनाया कि देखकर वीरोचियो दंग रह गया। संपूर्ण चित्र का वह हिस्सा, जो लियानार्डो ने बनाया था, शेष हिस्से से न सिर्फ बीस वरन् इक्कीस था।

वीरोचियो ने तत्काल अपनी कूची तोड़ दी और जीवन भर चित्र न बनाने का प्रण कर लिया।

□

नई कलाएँ व कार्टून

समय के साथ लियोनार्डो ने कला की नई-नई तकनीकें विकसित कीं, जिन्हें देखकर आज के कला विशेषज्ञ भी दाँतों तले उँगली दबा लेते हैं। इनमें से एक तकनीक है 'फुमातो', जो कि पुनरुद्धार के युग में ही विकसित हुई थी।

'फुमातो' शब्द का अर्थ है—धुआँधार, धुँधला। पहले चित्रकार गहरी रेखाओं या किनारों का उपयोग करते हुए अपने चित्रों में विभिन्न आकृतियाँ दरशाया करते थे। इससे अलग-अलग आकृतियाँ स्पष्ट दिखाई देती थीं। लियोनार्डो ने एक नया तरीका निकाला था और वह स्पष्ट परिवर्तन के स्थान पर धीमे-धीमे रंगों के बदलाव द्वारा नई आकृति को बनाता था। इसके कारण उसकी दो आकृतियों में स्पष्ट अंतर नहीं होता था। ऐसा लगता था मानो व्यक्ति किसी हलके परदे या धुएँ की परत की आड़ में से देख रहा है। इससे चित्र का वातावरण थोड़ा रहस्यमय हो जाता है।

लियोनार्डो फुमातो तकनीक का प्रयोग अकसर पृष्ठभूमि को दरशाने में करता था। इससे चित्र में पर्याप्त वास्तविकता भी आ जाती है, क्योंकि यदि आप किसी बगीचे में जाएँ तो फूल की पृष्ठभूमि देखते समय आपको दूर से लगेगा कि एक आकृति दूसरी आकृति से बिलकुल स्पष्ट रूप से अलग नहीं है।

एक अन्य कला-तकनीक, जो उस काल में विकसित हुई, उसका नाम था 'कियारोस्कुरू।' लियोनार्डो ने इसका उपयोग करते हुए चित्रों में विभिन्न आकृतियों को हलका और सघन रूप दिया, जिससे स्पष्ट अंतर उभरा और दर्शक के मस्तिष्क में तीसरा आयाम भी उभरा। इस तकनीक से चित्र बनाने में लियोनार्डो को भी आनंद आया, क्योंकि इससे वास्तविक छवि उभरती। लियोनार्डो ने इस कला को 'पेंटिंग की आत्मा' कहा।

इस कला का आज भी उपयोग होता है, क्योंकि यह देखनेवाले पर नाटकीय प्रभाव डालती है। आधुनिक फिल्म निर्माता छोटी-बड़ी फिल्मों के निर्माण के

दौरान प्रकाश की अधिकता या कमी उत्पन्न करके वास्तविक जैसी छवि उत्पन्न कर देते हैं।

पुनरुद्धार युग में ही कार्टूनों का निर्माण प्रारंभ हुआ। पर उस काल में कार्टून गंभीर चित्र हुआ करते थे। लियोनार्डो का एक कार्टून, जिसमें जीसस क्राइस्ट, मेरी तथा बालक सेंट जॉन दिखाए गए हैं, आज भी लंदन की राष्ट्रीय गैलरी में शोभायमान है। पर इस कार्टून को देखकर हँसना संभव नहीं है।

एक अन्य कला, जो उस काल में विकसित हुई, वह थी कोंट्रा पोस्टो। इसमें मानवीय आकृति को वक्रताएँ देकर जीवंत रूप में बनाया जाता था। इसमें हाथों, पैरों, सिर आदि को झुकाकर संदेश उत्पन्न करने का प्रयास किया जाता था। □

गिल्ड का सदस्य

पंद्रहवीं सदी में फ्लोरेंस उत्कृष्ट कला का मुख्य केंद्र था। उस समय वहाँ कलाकार न केवल अद्‌भुत कला का सृजन कर रहे थे बल्कि अपनी कला पर गौरव का अनुभव भी कर रहे थे। वे इस बात के लिए चिंतित रहते थे कि इस गौरव पर कहीं कोई आँच न आए तथा फ्लोरेंस की बनी कलाकृतियाँ उच्च मानदंडों पर खरी उतरें।

अत: यह निर्णय किया गया था कि हर कोई कलाकृति बनाकर न बेचने लगे और फ्लोरेंस में उच्च गुणवत्तावाली कलाकृतियाँ ही बनें व बिकें। यदि कोई कला के क्षेत्र में उतरे तो पहले कड़ा प्रशिक्षण प्राप्त करे, जैसा कि लियोनार्डो ने किया, उसके बाद ही उसका गिल्ड में प्रवेश हो। इस प्रकार गिल्ड द्वारा बनाए गए सामान पर ग्राहक आसानी से विश्वास कर लेता था।

उस काल में फ्लोरेंस में 21 गिल्ड कार्यरत थीं। इन सभी के सदस्य विशेषज्ञ ही बन सकते थे और इनमें हर प्रकार के लोग थे, जैसे—कपड़ा निर्माता, ऊनी वस्त्र व ऊन निर्माता, रेशम के बुनकर, बैंक चलानेवाले, मसालों के निर्माता, फलों के व्यापारी आदि। हर प्रकार के कलाकार व शिल्पी इसके सदस्य थे। ये अपने माल पर गिल्ड की मुहर लगाते थे, जो गुणवत्ता की प्रतीक होती थी।

तेईस वर्ष की आयु में ही लियोनार्डो ने अपने शिक्षक का इतना विश्वास अर्जित कर लिया था कि उसे अपने काम का मास्टर घोषित कर दिया गया और उसे सेंट ल्यूक गिल्ड का सदस्य बनाया गया। अब वह अपने अध्ययन व अभ्यास के आधार पर अपना व्यवसाय कर सकता था। उसके पास दुनिया को अपनी प्रतिभा दिखाने के लिए एक अवसर था कि वह क्या-क्या कर सकता है।

सेंट ल्यूक गिल्ड मुख्यत: पेंटरों की गिल्ड थी और वह यह सुनिश्चित करती थी कि उसके सदस्य सस्ते व चालू रंगों का प्रयोग न करें, बल्कि और बेहतर

रंगों का प्रयोग करें, चाहे वे महँगे ही क्यों न हों।

उस काल के गिल्ड के सदस्य कलाकार भी ऐसा सृजन करना चाहते थे जो अब तक अकल्पनीय रहा हो और आँखों के लिए मनोहारी हो। उनमें से कई कलाकारों ने तो एक-एक कलाकृति तैयार करने में अपना पूरा जीवन लगा दिया था।

लोरेंजो घिबर्टी का जन्म सन् 1378 में हुआ था। इस कलाकार ने फ्लोरेंस के उत्तर में स्थित एक इमारत में सजावटी द्वार बनाने का कार्य सन् 1401 में प्रारंभ किया था। उस समय उसकी आयु मात्र तेईस वर्ष थी। पच्चीस वर्ष पश्चात् जब वह अड़तालीस वर्ष का हुआ तब उसने उस इमारत के सजावटी द्वारों का जोड़ा पूरा करके दिया। जब 'बैप्टिस्ट्री' नामक इस इमारत के द्वार तैयार हुए तो लोगों ने उसके कार्य की भूरि-भूरि प्रशंसा की, पर साथ ही तरह-तरह के सुझाव भी दिए कि यहाँ पर सफेद रंग होना चाहिए यहाँ पर दरवाजा स्लाइडिंग होना चाहिए, वगैरह-वगैरह।

उपर्युक्त दैवी द्वारों के पूरा होते ही लोरेंजो को इसी बैप्टिस्ट्री इमारत के पूर्वी भाग के द्वारों को सजाने का कार्य मिल गया। सत्ताईस वर्ष की लंबी अवधि लगी लोरेंजो को इन द्वारों को पूरा करने में और उस समय तक वह तिहत्तर वर्ष का वृद्ध हो चुका था।

अपनी कला को वह ज्यादा दिनों तक देख नहीं सका और 1455 में उसका देहांत हो गया। पर उसके कार्य को देखकर इतिहास-प्रसिद्ध कलाकार माइकेल एंजेलो ने, जो लियोनार्डो का समकालीन था, दाँतों तले उँगली दबा ली थी। उसने इसे 'स्वर्ग के द्वारों के समतुल्य' बताया था।

□

उथल-पुथल का दौर

हालाँकि इस काल में लियोनार्डो, बोट्टिसेली तथा लोरेंजो घिबर्टी अपने कार्य में शांत भाव से लगे हुए थे और दुनिया को ऐसी कला उपलब्ध कराने में जुटे थे जो न केवल विश्व-प्रसिद्ध हो वरन् आँखों व मन को शांति व संतुष्टि प्रदान करने वाली हो; पर उस समय फ्लोरेंस व इटली के शेष भागों में भारी उथल-पुथल मची थी। लोग एक-दूसरे के खून के प्यासे हो रहे थे। हर प्रकार के षड्यंत्र यहाँ-वहाँ रचे जा रहे थे। परिणामस्वरूप जगह-जगह हत्याकांड, लूटपाट, अराजकता फैल रही थी। वहाँ की दयनीय स्थिति को देखनेवालों का दिल दहल जाता था।

उस समय इटली अनेक टुकड़ों में बँटा था और अनेक शासक इन हिस्सों पर शासन कर रहे थे, जैसे—

मिलान	–	सोरजा परिवार
जेनेवा	–	गणतंत्र
फ्लोरेंस	–	मेडिची परिवार
वेनिस	–	डोजेज
सिएना	–	गणतंत्र
पापल	–	रोम में बसे पोप
नेपल्स	–	राजपरिवार, आदि-आदि।

अतः यह कहा जा सकता है कि उस समय इटली स्वतंत्र शहरों में बँटा हुआ था। लगभग 14 ऐसी रियासतें थीं और उनपर किसी शक्तिशाली व्यक्ति या परिवार का शासन था। ये सभी एक-दूसरे के विरुद्ध तरह-तरह के षड्यंत्र रचते रहते थे। उनके षड्यंत्र लगभग ऐसे ही होते थे जैसे कि आज के युग में माफिया या आतंकवादी समूह किया करते हैं।

यही नहीं, ये छोटी-छोटी रियासतें कभी आपस में अकेले-अकेले लड़ती

थीं। ये रियासतें दूसरे देशों, जैसे—फ्रांस, स्पेन, तुर्की आदि से भी साँठ-गाँठ किया करती थीं और उन्हें अपने ही देश पर आक्रमण के लिए उकसाती थीं।

उस समय सबसे शक्तिशाली शहर थे फ्लोरेंस, मिलान और वेनिस—और लियोनार्डो ने इन्हीं तीनों शहरों में अपना ज्यादातर समय बिताया। इन शहरों के शासकों के उतार-चढ़ाव और वहाँ की परिस्थितियों का लियोनार्डो के जीवन पर गहरा प्रभाव पड़ा। इन शासकों से उसे भरपूर काम मिलता रहा और आश्रय भी। उसके मुख्य दायित्व कुछ इस प्रकार थे—

1. जो भी शासन करता, उसकी तसवीर बनाना।
2. शासकों के लिए इमारतें तैयार करवाना और उन्हें सजाना।
3. अपनी आविष्कारी प्रतिभा का उपयोग करते हुए ऐसी सैन्य योजनाएँ व युद्धक उपकरण तैयार करना, ताकि शत्रु आसानी से और पूरी तरह परास्त हो सके।

अपने जीवन के प्रारंभिक दशकों में जब वह फ्लोरेंस में था तब वहाँ पर मेडिची परिवार का शासन चल रहा था। यह परिवार न सिर्फ शक्तिशाली वरन् अति धनवान् भी था। इस परिवार के बारे में यह कहा जाता है कि ये लोग पहले चिकित्सा व्यवसाय अपनाते थे और इस व्यवसाय में समय के साथ सफल व समृद्ध हो गए। बाद में पैसा कमाने की धुन में वे चिकित्सा व्यवसाय को छोड़कर व्यापारी और फिर बैंकर बने।

ये दो भाई थे—लोरेंजो डी मेडिची और गुलियानो डी मेडिची। लोरेंजो का जन्म सन् 1449 में हुआ था और जब वह मात्र बीस वर्ष का था, तो वह और उसका सत्रह वर्षीय भाई सत्ता में आए, क्योंकि उनके पिता का देहांत हो गया था। लोरेंजो एक बड़ा ही प्रतिभावान् व्यक्ति था और वह अच्छे शासक के अलावा अच्छा फुटबॉल खिलाड़ी, कवि व गीतकार भी था। वह शिकार भी कुशलतापूर्वक खेलता था और समयानुकूल चुटकुले भी सुनाता था। वह आकर्षक और सुंदर वस्त्र पहनता था तथा पार्टियों, कला आदि पर खूब धन खर्च करता था।

लोरेंजो की तरह उसका छोटा भाई गुलियानो भी कम खर्चीला नहीं था; पर वह अपने भाई की तरह अत्याचारी कभी नहीं बना। लियोनार्डो का हमउम्र गुलियानो बहुत जल्दी ही एक बड़ी दुर्घटना का शिकार होकर इस दुनिया से चल बसा। 26 अप्रैल, 1478 की बात है। ज्यों ही गिरजाघर की घंटियाँ बजीं, एक धूर्त परिवार, जो कि यूरोप का एक जाना-माना बैंकर परिवार था, व उसके गुंडे लोरेंजो डी मेडिची तथा गुलियानो डी मेडिची पर हथियारों से लैस होकर टूट पड़े।

उन्होंने जहर-बुझा चाकू लोरेंजो की गरदन में घुसेड़ दिया। पर लोरेंजो के सेवक ने तत्काल सारा जहर अपने मुँह से चूसकर निकाल दिया। इस प्रकार लोरेंजो तो किसी तरह बचकर निकल गया, पर धूर्त गिरोह के एक सदस्य बर्नार्डो बारोनसेली ने उसके छोटे भाई गुलियानो की हत्या कर दी।

इसके साथ ही वहाँ उपस्थित भीड़ में कुहराम मच गया। लोग डरकर इधर-उधर भागने लगे। चारों ओर घोड़ों के हिनहिनाने की आवाजें गूँजने लगीं। पर उस गिरजाघर के प्रहरी अत्यंत चुस्त व चौकस थे। उन्होंने घेरा डालकर सारे आक्रमणकारियों को पकड़ लिया। उनके सरगना दुष्ट 'पाजी' की गरदन में रस्सी बाँधकर उसे ऊँची खिड़की से नीचे फेंक दिया।

बाकी बचे हत्यारों को पकड़ने व उन्हें सजा देने में वहाँ के आर्कबिशप भी सबसे आगे थे। आक्रमणकारियों ने आर्कबिशप की हत्या का भी प्रयास किया, पर आर्कबिशप ने हत्यारों से अपना बचाव करते हुए दुष्ट 'पाजी' के सीने पर वार करके अपने को बचा लिया।

लियोनार्डो ने इस बीभत्स घटना को न सिर्फ अपनी नोटबुक में दर्ज किया वरन् इस भयानक दृश्य की वास्तविक तसवीरें भी बनाईं, जिनमें दरशाया गया था कि हत्या के उन्माद से ग्रस्त चेहरे कितने वीभत्स लगते हैं। संयोग की बात यह है कि इस समय लियोनार्डो पास के इलाके से गुजर रहे थे और खबर सुनकर घटना स्थल पर पहुँच गए थे। उन्होंने इस घटना को नजरअंदाज करना उचित नहीं समझा और पूरे दृश्य की वास्तविक तसवीर उतार डाली।

उस घटना के बारे में तरह-तरह की अफवाहें भी उड़ीं। किसी ने कहा कि पोप का मेडिची परिवार के साथ पैसे के लेन-देन पर विवाद था। किसी ने यह भी कहा कि पोप स्वयं पाजियों के षड्यंत्र में शामिल थे और लोरेंजो व गुलियानो को मरवाना चाहते थे, वगैरह-वगैरह। पर अंततः उस गिरजाघर के सारे षड्यंत्रकारी पकड़े गए और उन्हें मौत की सजा हुई। सौ लोगों को एक साथ फाँसी पर चढ़ा दिया गया और उनके शवों का जुलूस निकाला गया, ताकि आनेवाले समय में मेडिची शासन के खिलाफ कोई आवाज न उठा सके।

विशेष बात यह थी कि चित्रकारों के लिए यह एक घटना मात्र थी और वे इसका अधिकाधिक लाभ उठाना चाहते थे। लियोनार्डो की हार्दिक इच्छा थी कि लोरेंजो उसे हत्याकांड की तसवीर दीवार पर बनाने का आदेश दे। पर यह कार्य लोरेंजो ने बोट्टिसेली को दे दिया। इसके पारिश्रमिक के रूप में उसे 40 स्वर्णमुद्राएँ मिली थीं।

यही नहीं, लोरेंजो ने बोट्टिसेली को ही अपने दिवंगत छोटे भाई गुलियानो का चित्र (पोर्ट्रेट) बनाने का भी काम दिया। बोट्टिसेली ने मृत्यु पूर्व का गुलियानो का चित्र तैयार किया। इन सब घटनाओं से लियोनार्डो का मन उचटने लगा।

उधर गुलियानो का हत्यारा बर्नार्डो बारोनसेली हत्या करके पहले गिरजाघर में ही छुपा रहा। लोग उसे ढूँढ़ते रहे, पर वह मिला नहीं। इसके बाद वह किसी तरह अपने घोड़े पर सवार होकर भाग निकला और राज्य की सीमा पार कर गया। वहाँ से उसने एक जहाज पकड़ा और तुर्की की ओर रवाना हो गया।

उधर लोरेंजो ने अपने भाई के हत्यारे को जिंदा या मुरदा पकड़ने के लिए एक बड़ा इनाम घोषित किया था। इस इनाम के लालच में तुर्की ने उसे पकड़कर वापस फ्लोरेंस भेज दिया।

बर्नार्डो बारोनसेली को सरेआम फाँसी दे दी गई। दर्शकों में लियोनार्डो भी थे, जिन्होंने मरते समय बर्नार्डो की स्थिति, उसके कपड़ों आदि के वर्णन को बड़ी बारीकी से अपनी नोटबुक में दर्ज किया। इतना ही नहीं, फाँसी पर चढ़ाए जाने के दृश्य को भी बड़ी सफाई से अपनी स्केच बुक में उतारा। विशेष रूप से आँखों को, क्योंकि आँखों को लियोनार्डो बहुत अधिक महत्त्व देता था और कहता भी था कि हम आँखों से बहुत कुछ देखते हैं। लियोनार्डो ने फाँसी के फंदे को खींचने व झटकने के दृश्य को भी दर्ज किया और इस प्रक्रिया में मुजरिम के चेहरे का कोण जब बदल गया था तो उसे भी ठीक प्रकार से दर्ज किया।

पर उसी बीच लियोनार्डो को पता चला कि पोप के भतीजे को भी बंदी बना लिया गया है, तो उसे लगा कि अब फ्लोरेंस में उपद्रव और बढ़ेंगे। पर साथ ही उसे यह भी पता चला कि लोरेंजो ने नेपल्स के राजा को अपनी ओर मिला लिया है, ताकि पोप उसका बाल भी बाँका न कर सके।

लियोनार्डो ने अपने प्रारंभिक जीवन में ये सब घटनाएँ बहुत देखीं। उस समय लोगों के अनेक चेहरे होते थे। वे सामने कुछ और होते थे, पीठ पीछे कुछ और। उनका पता ही नहीं चलता था कि वे किसके पक्ष में हैं और किसकी हत्या करवाने में लगे हैं।

लियोनार्डो ने अब अपनी पेंटिंग का मुख्य विषय चेहरा व उसके भाव बनाया। वह अकसर लोगों के चेहरे को ध्यान से देखता था और उनके अंदर छिपे भावों को जानने-समझने का प्रयास करता था। वह बदसूरत-से-बदसूरत चेहरा भी ध्यान से देखता था और उसकी भद्दी मोटी ठोड़ी, भारी-भरकम नाक, बड़ी-बड़ी डरावनी आँखों का गहराई से अध्ययन करता जाता था। वह उनके चित्र बड़ी सफाई

से उतारता था और फिर उनका अध्ययन करता था। कई बार वह अति बदसूरत चेहरे से बड़े ही दिलचस्प तथ्य निकाल लेता था।

लियोनार्डो ने अनेक व्यापक सर्वेक्षण किए और तरह-तरह के सिरों, मुँहों, आँखों, गरदनों, ठोड़ियों का अध्ययन किया। उसने किसी कार्यक्रम में लोगों की भाव-मुद्राओं को दर्ज किया। इनसे कितने परिणाम निकले और उनका कितना और किस प्रकार उपयोग हुआ, यह तो पता नहीं, पर यह अध्ययन दिलचस्प अवश्य रहा होगा।

लियोनार्डो ने अनेक ऐसे चित्र बनाए, जिनमें व्यक्ति अंधकार में बैठा हो और बाहर से तेज प्रकाश आ रहा हो। इस स्थिति में चेहरे की विशेषताएँ बड़े आकर्षक रूप में उभरती हैं। वह अपने इन चित्रों की विशेषताओं को अपनी नोटबुक में दर्ज करता जाता था।

इस प्रकार उनकी विराट् स्मृति तथा नोटबुकों में आँकड़ों का एक विराट् व गजब का संग्रह तैयार हो गया था। उनके विचार, चित्र, अवलोकनों के आधार पर अनेक बातों का अनुमान लगाना अत्यंत सरल हो गया था। वे किसी भी पुरुष या स्त्री के चेहरे व शरीर के भाव पढ़ लेते थे। यही नहीं, वे बिल्ली की उठी हुई पूँछ देखकर यह अंदाज लगा लेते थे कि वह क्या चाह रही है या क्या करने जा रही है। इसी तरह घोड़े की मांसपेशियों के चित्रों के आधार पर वे घोड़े की विशेषताओं के बारे में जान जाते थे।

अब वे किसी भी घटना को देखकर उसके बारे में अनुमान लगा लेते थे। उदाहरणतः, बैलगाड़ी को चलते देखकर या उसका चित्र देखकर यह अनुमान लगा लेते कि इसमें क्या खराबी है और इससे गाड़ीवान को क्या परेशानी आ रही होगी। साथ ही किस प्रकार के सुधार से यह हल हो सकती है, यह भी जान लेते थे।

□

खजाने की चिंता

अब लियोनार्डो के पास विचारों का एक विराट् व अमूल्य खजाना तैयार हो गया था। तीस वर्ष की आयु में उसके पास उतनी अध्ययन सामग्री, चित्र, डिजाइनें इकट्‌ठा हो गई थीं कि उन्हें सँभालना कठिन हो गया था।

जैसाकि पहले ही बताया जा चुका है, इटली का वह समय भारी उथल-पुथल का रहा था। कलाकारों के बीच गलाकाट प्रतियोगिता थी। लियोनार्डो को अब स्पष्ट दिखाई दे रहा था कि उसका जीवन फ्लोरेंस में नहीं बीतेगा। शेष जीवन में कहाँ-कहाँ और किन परिस्थितियों में रहना पड़ेगा, इसका भी उसे कोई अनुमान नहीं था।

अतः उस खजाने के बारे में क्या किया जाए और उसे कैसे सुरक्षित रखा जाए, यह उसके लिए चिंता का विषय बन चुका था। एक दिन वह इसके बारे में सोचते-सोचते एक नदी के किनारे पहुँचा। उसने पानी में झाँककर देखा कि उसे सब कुछ उलटा नजर आ रहा है। बाईं आँख दाईं और दाईं आँख बाईं वगैरह-वगैरह। उसे अपने कपड़ों की छपाई भी उलटी दिखाई दी। वह सोच में इस कदर डूब गया कि उसे पता ही नहीं चला और वह नदी में गिर गया।

पर जब वह नदी से बाहर आया तो उसके कपड़े व शरीर पानी से तर-बतर थे, पर मस्तिष्क हलका लग रहा था। उसे अपनी समस्या का हल मिल चुका था। उसने अपनी समस्या का हल ढूँढ़ लिया था। वह तय कर चुका था कि आगे वह जो कुछ भी नोट बुक में दर्ज करेगा, इस प्रकार करेगा कि जब उन्हें सामने रखे शीशे में देखकर पढ़ा जाए तो सीधा व सही दिखाई देगा, जैसे—

पर जब वह नदी से बाहर आया तो उसके कपड़े व शरीर पानी से तर–
थे, पर मस्तिष्क हलका लग रहा था। उसे अपनी समस्या का हल मिल चुका
था। उसने अपनी समस्या का हल ढूँढ़ लिया था। वह तय कर चुका

लियोनार्डो की अद्‌भुत कल्पनाशीलता के पीछे एक अन्य कारण भी था। वह हर रात को सोने से पूर्व अपने शयनकक्ष में अँधेरा करके पूरे दिन में देखे गए दिलचस्प दृश्यों के बारे में लगातार सोचता रहता था। इस दौरान वह महत्त्वपूर्ण भागों के बारे में अपना मस्तिष्क दौड़ाता था।

वह अपनी इस आदत के महत्त्व व उपयोगिता के बारे में जानता था और इन सब बातों को वह अपनी नोटबुक में दर्ज भी करता था।

वह कूट-संकेतों का भी उपयोग करता था। शायद इसलिए कि उसके विचार व डिजाइन किसी गलत आदमी के हाथ न लग जाएँ। वह अपने मौलिक विचारों पर गहन चिंतन करता था और दूसरों के विचारों पर भी लगातार मंथन किया करता था। वह हमेशा नए व उपयोगी उपकरणों तथा युक्तियों को तैयार करने में लगा रहता था। उसके उपकरणों में सैन्य उपकरणों की डिजाइनें भी होती थीं और मानव के लिए श्रम बचानेवाले उपकरणों की भी। उसने अपने काल के मजदूरों को कठिन, अथक व कभी-कभी जानलेवा श्रम करते हुए देखा था। धनाढ्य परिवार में जन्म लेने के बावजूद उसे मजदूरों के पीठ दर्द, कमर दर्द व हाथों में पड़ जानेवाले छालों का अहसास था।

यही कारण था कि उसने आर्कमिडीज के समय से चले आ रहे मौलिक यांत्रिक उपकरणों पुली (घिरनी), लीवर, गियर आदि का बड़ी बारीकी से अध्ययन किया था और वह ऐसी मशीनें बनाना चाहता था, जिनके जरिए जमीन में छेद करने जैसे काम इन मौलिक यंत्रों की उचित जोड़-तोड़ के माध्यम से हो जाएँ और श्रमिक को न्यूनतम श्रम ही करना पड़े।

उदाहरण के लिए, उस समय कुआँ आदि खोदने तथा उससे मिट्‌टी आदि निकालने के लिए मजदूरों को कठोर श्रम करना पड़ता था; लियोनार्डो ने इसके लिए बड़ा सा स्क्रू लिया और उसे चित्रानुसार बड़े-बड़े डंडों से जोड़ा जो लीवर के सिद्धांत का अनुपालन करते थे। अब डंडों की सहायता से मजदूर स्क्रू को जमीन में प्रविष्ट कराते थे। दूसरी बार डंडों के दूसरे जोड़े की उलटी दिशा में घुमाकर मिट्‌टी को ऊपर निकाल लेते थे। इस प्रकार गहरा गड्‌ढा खोदना आसान हो गया।

कार की डिजाइन

उस समय लोग घोड़ों व घोड़ा चालित बग्घियों में सवारी करते थे। लियोनार्डो इनकी गति से संतुष्ट नहीं था। यही नहीं, घोड़े अकसर बिदक जाते थे और उनके कारण दुर्घटनाएँ भी होती थीं। इन घोड़ों के सड़कों पर चलने से तरह-तरह का शोर

होता था और जगह–जगह लीद गिरने से गंदगी फैलती थी।

लियोनार्डो ने पंद्रहवीं सदी में ही एक यांत्रिक कार बनाने का डिजाइन तैयार कर लिया। फ्लोरेंस छोड़ने से पूर्व ही मात्र छब्बी वर्ष की आयु में उसने यांत्रिक कार का डिजाइन तैयार कर लिया था और उसका नाम 'मशीन' रखा था। इतालवी भाषा में कार को 'मशीना' कहा जाता है।

लियोनार्डो की 'मशीना' वास्तव में एक प्रदूषण–रहित कार थी। इस कार को ऊर्जा इसमें लगे स्प्रिंग से मिलती थी और स्प्रिंग की ऊर्जा पहियों में जाती है। कुछ ऐसा ही आजकल की खिलौना–कारों में होता है।

यदि लियोनार्डो की मशीना साकार हो गई होती तो पंद्रहवीं सदी के सारे घोड़े बेकार हो गए होते और लोगों को प्रदूषण से मुक्ति मिल गई होती। पर यह डिजाइन लगभग चार सौ वर्षों तक यों ही पड़ा रहा। इसमें लगे स्प्रिंग, गियरों आदि का प्रावधान कागजों पर ही रह गया।

लियोनार्डो ने उस काल की सभी घरेलू एवं औद्योगिक समस्याओं पर गहन चिंतन किया और उन्हें हल करने हेतु डिजाइनें तैयार कीं। उदाहरण के लिए घरों, बँगलों आदि में अपने आप बंद हो जानेवाले दरवाजे तैयार किए। स्प्रिंगों के प्रयोगवाले ये स्वत: बंद होनेवाले दरवाजे उस काल में एक अजूबा ही थे। इसी प्रकार उस समय प्रिंटिंग प्रेस एक नई चीज थी। उसे अधिकाधिक स्वचालित बनाने के लिए लियोनार्डो ने अपने आप कागज डालनेवाला एक यंत्र तैयार किया, जिससे प्रेस की उपयोगिता व दक्षता बढ़ गई। इसी तरह उसने रस्सी बटनेवाली मशीन भी तैयार की और स्क्रू तैयार करनेवाली मशीन भी।

लियोनार्डो ने पैडल–चालित नावों, वायु शीतलीकरण युक्ति, मैग्नीफाइंग प्रोजेक्टर आदि के डिजाइन भी तैयार किए। उसकी डिजाइनों को देखकर यह अनुमान लगाया जाता है कि उसके मस्तिष्क में तरह–तरह के विचार भरे हुए थे और वह ज्यों ही कोई समस्या देखता था तो हल निकालने के लिए उसका स्केच तैयार कर लेता था।

इसके बाद फुरसत के समय व उपयुक्त सामग्री मिलने पर वह उनका चल–मॉडल भी तैयार करता था। कालांतर में उसकी अनेक डिजाइनों को चूहे खा गए तथा चल मॉडल जंग लग–लगकर गल गए। पर जब दुनिया ने लियोनार्डो के कृतित्व का महत्त्व पहचाना तब उसकी धरोहर को सँभालना प्रारंभ किया। पिछले सौ वर्षों में उसके तमाम मॉडल आदि एकत्रित किए गए और उन्हें अजायबघरों में स्थान दिया गया।

लियोनार्डो के कृतित्व में सभी प्रकार की विविधता देखने को मिलती है। उसकी डिजाइनों में से कुछ ही चल मॉडल तैयार हो पाए थे, क्योंकि शेष का कार्यान्वयन उस समय की परिस्थितियों में संभव ही नहीं था। उनमें से कुछ डिजाइनें अति उन्नत थीं, पर कई अति महँगी भी थीं।

इसके साथ-साथ कुछ ऐसे डिजाइन तथा मॉडल थे, जिनका कार्यान्वयन संभव ही नहीं था; क्योंकि ये डिजाइनें उलझी हुई थीं। पर तत्कालीन परिस्थितियों में कल्पना की इतनी लंबी व ऊँची उड़ान को देखकर व्यक्ति दाँतों तले उँगली दबाए बिना नहीं रह सकता है।

□

नया शहर–मिलान

सन् 1482 में तीस वर्ष की आयु में लियोनार्डो फ्लोरेंस की परिस्थितियों से त्रस्त होकर इटली के उत्तरी भाग में स्थित शहर मिलान चला गया। वैसे लियोनार्डो मिलान क्यों गया—इस बारे में अनेक अटकलें लगाई जाती हैं। कुछ लोगों का मानना है कि फ्लोरेंस का शासक मेडिची तथा मिलान के शासक लुडविको सोर्जा के बीच समझौता हुआ था और दोनों ने तय किया था कि वे दुश्मनों का मुकाबला मिलकर करेंगे। मिलान के राजा को प्रसन्न करने तथा अपनी ओर मिलाने के लिए मेडिची ने अपनी सबसे महत्त्वपूर्ण प्रतिभा मिलान के राजा लुडविको को भेंट कर दी, इसीलिए लियोनार्डो मिलान आया था।

कुछ लोगों का यह भी मानना है कि अपने बेहतर कैरियर के लिए लियोनार्डो मिलान आया। मिलान फ्लोरेंस की तुलना में तीन गुना बड़ा नगर था और सुरक्षा की दृष्टि से अत्यंत चौकस भी था। यहाँ पर जगह–जगह सुरक्षा प्रहरी तैनात थे। शहर में प्रवेश के लिए द्वार बने हुए थे और उनकी सुरक्षा के लिए मीनारों पर प्रहरी तैनात थे।

उस समय मिलान शहर हथियारों के लिए बड़ा ही प्रसिद्ध था। वहाँ पर एक सड़क थी, जिसपर सौ से अधिक दुकानें थीं, जो हथियारों का ही कारोबार करती थीं। वहाँ पर हथियार बनते और बिकते थे। यहाँ का वातावरण भी युद्धपरक ही लगता था।

बड़ा शहर होने के बावजूद वहाँ पर पेंटरों, शिल्पकारों, मूर्तिकारों के लिए फ्लोरेंस जैसा अनुकूल वातावरण नहीं था। लियोनार्डो को लग रहा था कि ज्यों ही वह मिलान पहुँचेगा, उसे तुरंत काम मिलेगा और उसे हाथोहाथ लिया जाएगा। पर ऐसा कुछ भी नहीं हुआ।

अंततः लियोनार्डो ने मिलान के ड्यूक (राजा) को स्वयं ही अपना परिचय

पत्र लिखा। लियोनार्डो ने स्पष्ट लिखा कि उसे ज्ञात हुआ है कि राजा को कई दर्जन युद्धक उपकरणों की आवश्यकता है, ताकि युद्ध में भारी मार-काट और विनाश किया जा सके। मैं ऐसे विनाशकारी उपकरणों की डिजाइन तैयार करने तथा उनका निर्माण कराने में सक्षम हूँ।

लियोनार्डो ने अपने पत्र में कुछ युद्धक उपकरण तैयार करने का स्पष्ट प्रस्ताव भी किया, जैसे—

1. उस समय नदी पार करना भी एक समस्या होती थी और लियोनार्डो ने ऐसे चल पुल की डिजाइन तैयार करने का प्रस्ताव किया, जिसमें समय कम लगे और सेना आसानी से नदी पार हो जाए।
2. उस समय उपलब्ध तोपों से किले के दरवाजे तोड़ने में भारी कठिनाई होती थी। लियोनार्डो ने ऐसा सयंत्र तैयार करने की पेशकश की, जिसमें अनेक तोपें लगी हों और इन 6-8 तोपों से एक साथ गोले निकलें, जो सामने के किले के दरवाजे या दीवार को गिरा दें।

साथ ही लियोनार्डो ने अपनी कला, मूर्तिकला, वस्तुकला के ज्ञान व प्रवीणता का भी उल्लेख किया।

परंतु लियोनार्डो को मिलान के राजा की ओर से कोई उत्तर नहीं मिला। फ्लोरेंस में ख्याति प्राप्त कर चुके उस महान् कलाकार को मिलान में प्रारंभिक दिन बेरोजगारी में बिताने पड़े।

पर तभी उसे कुछ कला-प्रेमियों की ओर से एक तसवीर बनाने का काम मिल गया। तसवीर का शीर्षक था—'वर्जिन ऑफ द रॉक्स'। जिन्होंने काम दिया था उन्होंने तसवीर का स्पष्ट स्वरूप भी बताया था, ताकि कलाकार अपनी इच्छा से पेंटिंग न तैयार कर दे। उन्होंने कहा था कि इस तैलीय चित्र में मेरी को तख्त पर दिखाया जाय और साथ में जीसस को दिखाया जाए। सुनहरे प्लेटफॉर्म पर सजे इन दोनों के अलावा कुछ पैगंबर भी दिखाए जाएँ और ईश्वर को भी नीले व सुनहरे वस्त्रों में इस प्रकार दिखाया जाए जैसे वह इन सभी का अवलोकन कर रहा हो। कुल मिलाकर यह प्रस्तावित तसवीर धार्मिक होने के साथ-साथ पारंपरिक भी थी।

लियोनार्डो तो कभी बंधनों से बँधा नहीं रहा था। परंतु उसने काम ले लिया। चित्र भी बनाया, पर अपनी स्वत: कल्पना के आधार पर। उसने न ईश्वर की तसवीर बनाई और न ही पैगंबरों को दिखाया। उसने एक देवदूत को भी छोड़ दिया। तसवीर में मेरी दिखाई गई थी और बालक जीसस को नंगा दिखाया गया था। जीसस के शरीर पर न तो कोई वस्त्र था और न ही आभूषण, जैसे अँगूठी आदि। जीसस को

छाल पर बैठा दिखाया गया था।

होना क्या था, तसवीर बनते ही चारों ओर शोर मच गया। लोगों ने इसे धर्म-विरुद्ध, स्कैंडल और न जाने क्या-क्या कहा। तसवीर बनाने का आदेश देनेवाले भी भौंचक्के रह गए। तसवीर आम चर्चा का विषय बन गई। पुनरुद्धार के उस युग में इसका समर्थन करनेवाले भी कम नहीं थे पर विरोधियों की संख्या ज्यादा थी।

पर इसका एक सबसे बड़ा लाभ लियोनार्डो को मिला। उसके काम की चर्चा राजा लुडविको सोर्जा तक जा पहुँची। लुडविको का एक नाम 'द मूर' भी था, क्योंकि वह काले रंग का था। उस समय मिलान की गद्दी का हकदार लुडविको का अल्पायु भतीजा गियोवानी था। लुडविको प्रारंभ में मात्र कार्यवाहक राजा ही था, पर तभी रहस्यमय परिस्थितियों में गियोवानी की मृत्यु हो गई और लुडविको राजा बन गया।

मन-ही-मन आशंकित लुडविको अपनी रक्षा के लिए हर संभव उपाय करता था। उसके पास ज्योतिषियों की एक बड़ी फौज जैसी थी, जो हर समय उसके भाग्य का आकलन चाँद-तारे आदि देखकर किया करती थी।

अपने भविष्य के प्रति वह और भी आशंकित रहता था। उसने अपनी निजी सुरक्षा के लिए सैनिकों, गुप्तचरों व हत्यारों की बड़ी संख्या नियुक्त कर रखी थी। इसके अलावा उसने तरह-तरह के हथियार बनानेवाले तथा सैन्य इंजीनियर भी नियुक्त कर रखे थे, जो उसकी सुरक्षा के अलावा शहर की सुरक्षा आदि के लिए भी कार्य करते थे।

लुडविको व उसके बाप-दादा हिंसक प्रवृत्ति के थे। वे इस बात में विश्वास करते थे कि 'पहले मारो और फिर सवाल-जवाब करो।' उनकी राजनीति में सैन्य नीति पहला कदम होता था। लुडविको के दादा अकसर कहा करते थे कि अपने सेवक या साथी को मारो नहीं; पर यदि मारो तो हमेशा के लिए समाप्त कर दो।

इन सबके अलावा लुडविको सोर्जा को स्वयं को प्रतिष्ठित कहलाने का भी शौक था। वह अपने को कला-प्रेमी, पूर्ण सुसज्जित, प्रगतिशील भी कहलाना चाहता था और इस मामले में अपने पड़ोसी मेडिची से बराबरी करने या आगे निकलने का प्रयास करता था।

जब राजा ने लियोनार्डो को अपने दरबार में बुलाया तो उसने अपनी सभी प्रकार की प्रतिभाएँ व विशिष्टताएँ गिनाईं और पूछा, "आप मुझसे चित्रकला, सैन्यकला, वास्तुकला से संबंधित कौन सा काम करवाना चाहते हैं?"

उस समय राजा लुडविको का नया महल भी बनाया जा रहा था और

लुडविको अपने वास्तु सलाहकार आदि से प्रसन्न नहीं था। वह उन्हें अपने नियंत्रण में रखना चाहता था।

अंततः लियोनार्डो को तीन प्रकार के दायित्व मिले। ये थे—

दरबारी पेंटर—इसके अंतर्गत लियोनार्डो को लुडविको, उसके प्रिय पात्रों, दरबारियों, चापलूसों के चित्र बनाने होते थे। इस क्रम में उसने लुडविको की एक सत्रह वर्षीया प्रेमिका का चित्र बनाया, जिसका नाम 'सेसिलिया गलेरानी' था। बाद में यह महिला 'लेडी विथ दि एरमीन' कहलाई।

यह तसवीर काफी लोकप्रिय हुई और इसके बारे में कहा जाता है कि लियोनार्डो ने उसे अपनी गोद में एरमीन (मेमना) पकड़ने के लिए राजी किया था। यूनानी भाषा में मेमने को 'गले' कहा जाता है, जो कि उसके नाम से मिलता-जुलता है।

राजकीय उत्सवों का मुख्य प्रबंधक—उस समय लुडविको के दरबार में तरह-तरह के नाटक, संगीत कार्यक्रम व अन्य कार्यक्रम होते रहते थे। लियोनार्डो इन सभी के लिए विभिन्न प्रकार के सेट, वस्त्र आदि की डिजाइनें तैयार करवाता था। लियोनार्डो का यह प्रयास रहता था कि राजा व उसके प्रिय लोगों की प्रसन्नता में कोई कमी न रह जाए।

जब लुडविको के भतीजे गियोवानी, जो बाद में मारा गया था, का विवाह नेपल्स के राजा की पौत्री से तय हुआ तो लुडविको ने इस अवसर पर एक शानदार जश्न मनाने का निर्णय लिया। इस जश्न के पीछे आधार था खगोल-शास्त्र। लियोनार्डो ने इस अवसर पर खगोलीय आकृतियाँ जैसे सूर्य, विभिन्न ग्रह, तारे आदि जीवंत रूप में प्रस्तुत किए थे। कोई कलाकार शनि ग्रह का रूप लिये था और उसके चारों ओर वलय था तो कोई सूर्य बना था, जिससे लपटें निकलती हुई दिखाई दे रही थीं। इसमें अनेक यंत्रों का भी प्रयोग किया गया था, ताकि यह लगे कि सभी कुछ वास्तविक व चलायमान है।

उस अवसर पर राजा व उसके नाते-रिश्तेदारों, मित्रों आदि ने जमकर मदिरापान किया और दावत उड़ाई। इसके बाद वे देखने निकले कि लियोनार्डो ने उनके लिए क्या आयोजन किया है।

सारा कार्यक्रम देखकर वे सचमुच मस्त हो गए। मधुर संगीत बजने के बाद परदा उठा। सामने पहले अनेक पर्वत दिखाई दिए। मंच भी चलायमान था। वह घूमने लगा। पर्वत खुलने लगे। ऊपर आकाश में तारे जगमगाने लगे। सात कलाकार, जो ग्रहों के वस्त्र धारण किए हुए थे, घूमने लगे। ये कलाकार अर्थात् ग्रह वर-वधू

की प्रशंसा भी कर रहे थे तथा उन्हें आशीर्वाद भी दे रहे थे।

सचमुच अद्‌भुत नजारा था। उस काल में लोग अपनी हर गतिविधि की योजना ग्रहों व नक्षत्रों की गतिविधियों से तैयार करते थे। आज भी कुछ हद तक ऐसा ही है। ऐसे में लियोनार्डो ने अपनी तीव्र मेधा का प्रयोग करते हुए वह कर दिखाया, जो राजवंश की इच्छा थी। आगे भी लियोनार्डो इस प्रकार के अद्‌भुत कार्यक्रम संपन्न करवाता रहा।

महाअभियंता का दायित्व—समृद्धि के उस युग में मिलान शहर में तरह-तरह का निर्माण कार्य बहुत तेजी से चल रहा था। तीव्र व सुखद यातायात की व्यवस्था की जा रही थी। अनेक प्रकार की इमारतें बन रही थीं। नहरें तैयार की जा रही थीं। लियोनार्डो इन सभी कार्यों की देखरेख करता था और प्रयास करता था कि सबकुछ वास्तुकला की दृष्टि से इस प्रकार बने कि देखने में आकर्षक व उपयोग में बेहतर हो।

इसके अलावा युद्धकाल में युद्ध तथा शांतिकाल में युद्ध की तैयारी लगातार चलती रहती थी। लियोनार्डो पर इसकी भी जिम्मेदारी थी और वह इसके लिए तरह-तरह के यंत्र, उपकरण, युक्तियाँ आदि तैयार करता ही रहता था। एक ओर वह प्रस्तावित नए गिरजाघर का नक्शा तैयार करता था तो दूसरी ओर तोपों के गोले बनाने के लिए नए प्रकार के साँचे व साँचे में डाली जानेवाली लेडयुक्त सामग्री तैयार करता था।

नकचढ़े राजा की फरमाइशें पूरी करने के साथ बड़ी-बड़ी परियोजनाओं के बारे में चिंतन, फिर उनकी योजना तैयार करना और फिर उनका कार्यान्वयन कोई आसान कार्य नहीं था, पर परिस्थितियाँ ऐसी बनती गईं कि लियोनार्डो को कार्य का अवसर मिलता गया और उसकी प्रतिभा निखरती गई तथा उसे प्रसिद्धि प्राप्त होती चली गई।

□

महाविनाश के पश्चात् नवसृजन

उत्सवों व युद्ध की तैयारियों का दौर अभी अपने यौवन पर भी नहीं आ पाया था कि मिलान में महाविनाश प्रारंभ हो गया। सन् 1485 के प्रारंभ में ही सर्दियाँ खत्म हुईं और वसंत का खुशनुमा मौसम आया, पर साथ ही प्लेग की महामारी ने विकराल रूप धारण कर लिया।

प्लेग से लोग इस तरह मरने लगे जैसे दवा छिड़कने पर मक्खी-मच्छर मरकर गिरने लगते हैं। कब्र खोदनेवालों की माँग बढ़ गई और उन्होंने अपने काम का पारिश्रमिक इतना बढ़ा दिया कि आम आदमी के बस का नहीं रहा कि वह अपने प्रिय का दफन ढंग से करवा सके।

पूरे शहर में लोग मर रहे थे और उनके शव जगह-जगह पड़े सड़ रहे थे। दूसरी ओर, जो लोग बच गए थे वे शहर छोड़कर, अपने पुराने कपड़े व कंबल आदि जलाकर भाग रहे थे। शहर में लगभग हर पाँच मीटर के बाद शव पड़ा मिलता था। राजा लुडविको स्वयं भी शहर छोड़कर दूर पहाड़ी पर जाकर रहने लगा था।

ऐसे वीभत्स वातावरण में भी लियोनार्डो अपनी पैनी निगाह व प्रखर मस्तिष्क का उपयोग करते हुए लगातार चिंतन करता रहा कि यह सब कैसे हो गया और आगे ऐसा न हो, इसके लिए क्या किया जाए? जहाँ लोग ईश्वर से प्रार्थना कर रहे थे कि यह महामारी एक-दो सप्ताह में ठंडी पड़ जाए, वहीं लियोनार्डो ने अब तक के महाविनाश का मूल कारण ढूँढ़ लिया था और उसने भावी संकट से बचाव के अचूक उपायों का पूरा खाका तैयार कर लिया।

लियोनार्डो ने पाया कि प्लेग का मूल कारण अत्यधिक गंदगी का होना है। उसका मानना था कि शहर बहुत ज्यादा घना बसा हुआ है और लोग इस प्रकार रहते हैं मानो मुरगीबाड़े में मुरगियाँ; चारों ओर कूड़ा-ही-कूड़ा व गंदगी। स्वच्छ वायु का नामोनिशान ही नहीं है।

लियोनार्डो को लगा कि बचाव का एक ही उपाय है—शहर को दोबारा नई जगह पर नए सिरे से बसाया जाए। उसने इसके लिए अनेक प्रकार के डिजाइन व मॉडल तैयार किए। अंत में उसने तय किया कि मिलान शहर को नदी के किनारे बसाया जाए, ताकि स्वच्छ जल पीने के लिए भी उपलब्ध रहे और सफाई, गंदगी निकास आदि के लिए भी।

उसने यह भी तय किया कि नया शहर ज्यादा बड़े भूभाग में विकसित किया जाए, ताकि वह खुला-खुला हो और व्यवस्थित भी। उसने पूरी आबादी को दस अलग-अलग विकसित शहरों में बसाने का प्रस्ताव किया। उसने पूरे शहर में नहरों का जाल बनाने की डिजाइन तैयार की, ताकि लोग इन नहरों के पानी से अपने बाग-बगीचों की सिंचाई भी कर सकें और उन नहरों के जरिए दूर तक नावों द्वारा यात्रा भी कर सकें। उसका विचार था कि ये नहरें तैराकों के लिए भी उपयोगी सिद्ध होंगी।

यही नहीं, उसने इन नहरों के पानी को पास की बस्ती तक पैडल द्वारा चलनेवाले पंपों से लाने की व्यवस्था भी की, ताकि लोग आसानी से स्नान करके साफ-सुथरे रहें और अपने घर व आस-पास भी साफ-सफाई रख सकें। इस तरह कभी-कभार नहानेवाले इटलीवासियों में कम-से-कम छुट्टी के दिन धूप में नहाने की आदत विकसित होने लगी।

लियोनार्डो ने शहर को दो स्तरों पर बसाने के लिए डिजाइन तैयार किया। एक स्तर पर जो ऊँचा था वहाँ राजा, उसके दरबारी व उच्च वर्ग के रहने का प्रावधान था और दूसरे स्तर पर दुकानों, व्यापारियों व आम लोगों के रहने की व्यवस्था थी।

लियोनार्डो ने उस काल में यूरोपीय लोगों की बुरी आदतों व गंदगी फैलाने की प्रवृत्ति का गहन अध्ययन किया और उनका हल भी सोचा। उसने पाया कि यदि सीढ़ी सीधी होती है तो उसके दोनों ओर का उपयोग लोग कूड़ा डालने, कबाड़ सामान रखने में करते हैं। उस काल में बच्चे ही नहीं, बड़े भी सीढ़ी के किनारे मूत्र-त्याग करने में नहीं हिचकिचाते थे।

लियोनार्डो ने सर्पिल सीढ़ियों का डिजाइन तैयार किया, जो निर्माण में महँगा पड़ती है, पर साफ रहती है और बीमारी को जन्म नहीं देती। उनके किसी भाग में अँधेरा भी नहीं रहता है और कीड़े-मकोड़े, जीवाणुओं के पनपने की आशंका कम होती है।

इसी तरह सभी इमारतों में लियोनार्डो ने ऊपरवाले तल में खुलनेवाले ढक्कनों का प्रावधान किया था, ताकि उन्हें समय-समय पर खोला जा सके और अंदर रह

रहे कीड़े-मकोड़े अपने आप ऊपर निकल जाएँ। साथ ही धूप भी अंदर तक पहुँचे। लियोनार्डो को धूप के कीटनाशी होने का अहसास था।

कुल मिलाकर लियोनार्डो ने तत्कालीन यूरोपीय समाज की बुरी आदतों का इतना गहन अध्ययन कर लिया था कि उसे अपने आपको भी यूरोपीय कहने में शर्म आती थी। उसका मानना था कि हर व्यक्ति संसार में इसलिए आता है कि वह चमक-दमकवाला व्यक्तित्व प्राप्त करे और गतिशील बना रहे। जो लोग ऐसा बन जाते हैं वे समाज में सम्मानजनक स्थान प्राप्त कर लेते हैं और जो लोग सुस्त, ठहरे हुए पानी की भाँति रहते हैं, वे साधारण जीवन व्यतीत करते हैं।

ऐसे लोगों के बारे में लियोनार्डो के विचार अत्यंत कटु थे। उसका मानना था कि ऐसे लोग संसार को कुछ भी नहीं दे पाते हैं वरन् अपने शरीर से उत्सर्जित होनेवाली गंदगी के द्वारा बड़ी मात्रा में कूड़ा उत्पन्न करते रहते हैं।

लियोनार्डो के ये सख्त विचार जब कड़ी भाषा में तत्कालीन समाज को सुनने को मिले होंगे तो कितनी कड़ी प्रतिक्रिया हुई होगी, इसका केवल अनुमान ही लगाया जा सकता है। पर समाज बदला नहीं। ज्यों ही प्लेग का प्रकोप थमा, लियोनार्डो की डिजाइनों, नक्शों पर किसी का ध्यान नहीं गया। लोग फिर से उन्हीं गंदी बस्तियों में रहने लगे।

उनकी हरकतों को देखकर लियोनार्डो का मन वहाँ से उचट गया और वह शहर के लोगों के लिए साफ-सुथरा, रोगमुक्त वातावरण तैयार करने के बजाय अपनी अगली परियोजना के काम में जुट गया।

□

यादगार का निर्माण

कोई भी व्यक्ति चाहे कितना भी शक्तिशाली हो, सुंदर हो, आकर्षक हो, प्रभावी हो, अपने जीवनकाल में ही याद किया जाता है। उसके जाने के बाद लोग उसे भुला देते हैं। दुनिया छोड़ने के बाद वही व्यक्ति याद किया जाता है जिसके कर्म शेष रह जाते हैं, जैसे किसी साहित्यकार की कालजयी रचना, किसी चित्रकार की अद्‌भुत पेंटिंग, संगीतकार की अनोखी धुन आदि।

इस संसार में हर व्यक्ति की यह इच्छा होती है कि उसकी मृत्यु के बाद लोग उसे याद रखें। आम व्यक्ति भी अपनी आवश्यकताओं से अधिक कमाता है और धन-संपत्ति छोड़कर चला जाता है, ताकि उसकी संतानें व वंशज उसे याद रखें। मध्यम वर्ग के लोग भी यह प्रयास करते हैं कि न सिर्फ परिवार के लिए कुछ छोड़ जाएँ वरन् किसी मंदिर, धर्मशाला, प्याऊ आदि में योगदान करके अपना नाम पत्थर पर लिखा जाएँ।

अनेक राजे-महाराजे, बादशाह, शहंशाह अपने जीवनकाल में ऐसी अनोखी इमारतें बनवाते थे, जिनका वे निजी उपयोग तो शायद ही कर पाते थे, पर उनके जाने के बाद वे उनकी यादगार बन जाती थीं। ताजमहल एक ऐसी ही विरासत है।

ऐसी ही इच्छा मिलान के तत्कालीन राजा लुडविको सोर्जा के मन में उठी। उसे लगा कि उसके जीवन में निर्माण कम, विनाश ज्यादा हुआ है। उस काल में लोग उसे उजाड़े गए गाँवों, शहरों में होनेवाले कत्लेआम व वायदों से मुकरे हुए राजा के रूप में याद करते थे।

लुडविको ने लियोनार्डो को आदेश दिया कि वह उसके पिता फ्रांसिस्को की एक मूर्ति विशाल घोड़े पर सवारी करते हुए बनाए। वह घोड़ा काँसे का हो और उसकी ऊँचाई सात मीटर से कम न हो। उस काल में इतना ऊँचा घोड़ा और उसपर सवार राजा की मूर्ति एक अद्‌भुत घटना थी। लियोनार्डो इस अद्‌भुत फरमाइश को

सुनकर चौंका नहीं। उसने इस चुनौती को स्वीकार कर लिया। लियोनार्डो ने इसके लिए आवश्यक सामग्री जुटाई, जो इस प्रकार थी—

1. कई टन काँसा,
2. बड़ी मात्रा में प्लास्टर,
3. लोहार की भट्ठी,
4. मॉडल बनानेवाला क्ले,
5. ढेर सारा मोम,
6. विभिन्न उपकरण जैसे—हथौड़ी, छेनी आदि।

इसके अलावा उसने सहायक कारीगरों का एक बड़ा दल तैयार किया, जो अपने काम में कुशल था। उनके लिए भोजन-वस्त्र आदि की व्यवस्था की गई।

यह सब कार्य इतना आसान नहीं था। इतना बड़ा ढाँचा तैयार करना उस समय एक खतरनाक कार्य माना जाता था और ऐसा करते हुए कारीगर डरते थे; पर पैसे के लालच ने यह संभव बना दिया था।

लियोनार्डो ने पहले घोड़े के लिए एक धातु का खाँचा बनवाया। उसके बाद उस खाँचे को मोम की सहायता से वैसा ही रूप दिया जैसाकि वास्तविक घोड़ा होता है। इसके बाद अंदर के खाली स्थान में ट्यूबों की सहायता से मोम भरा गया। जब वह खाँचा घोड़े का रूप ले चुका और अंदर पूरा मोम भर गया तो लियोनार्डो ने प्लास्टर की सहायता से उस पूरे मॉडल को ढक दिया और इस प्रकार वह एक विशाल बक्से की भाँति हो गया। अब इस बक्से को एक विशाल भट्ठी में ले जाया गया।

जिन ट्यूबों की सहायता से अंदर मोम भरा गया था, भट्ठी में डालने के बाद उन्हीं की सहायता से मोम बाहर निकलने लगा। एक स्थिति ऐसी आई जब अंदर का मोम पूरा निकलकर बाहर आ गया। अब लियोनार्डो ने एक बड़ा गड्ढा खुदवाया और घिरनी तंत्र की सहायता से उस पूरे बक्सेनुमा खाँचे को एक गड्ढे में पहुँचवाया। अब उस खाँचे में ऊपर से एक छेद किया। दूसरी ओर बड़ी भट्ठी में काँसे की बड़ी मात्रा को पिघलाना शुरू किया।

जब काँसा पिघल गया तो लियोनार्डो के सहायक उपयुक्त पात्र में भर-भरकर काँसा उस खाँचे में ऊपर छेद करके भरने लगे। यह काम बड़ा ही खतरनाक था। यदि मौसम बदल जाए या नमी पहुँच जाए तो विस्फोट हो सकता है। इससे पिघला हुआ सारा काँसा काम कर रहे लोगों के शरीर पर गिर सकता है। लियोनार्डो ने इसी से बचने के लिए पूरा ढाँचा गड्ढे में रखवाया था। जब खाँचा काँसे से भर

गया तो लियोनार्डो व उसके सहायकों ने अपनी सफलता पर जश्न मनाया। उन्होंने जमकर मदिरापान किया और दावत उड़ाई। इस दौरान सारा काँसा ठंडा पड़ गया था। आगे का काम तो और भी कठिन था ही। अब खाँचे में मोम के स्थान पर काँसा था। भारी-भरकम ढाँचे को घिरनियों की सहायता से बाहर निकाला गया। अब बाहरी प्लास्टर को छेनियों-हथौड़ियों की सहायता से तोड़ा गया।

इस प्रकार पहले भावी विशाल घोड़े का छोटा रूप तैयार किया गया। यह एक नमूना मात्र था, जिसे छेनियों की सहायता से अंतिम रूप दिया गया था। उसकी अच्छी पॉलिश की गई और उसे सजाया गया। जब उसे लुडविको के समक्ष प्रस्तुत किया गया तो उसने घोड़े की काँसे से बनी अनुकृति देखकर दाँतों तले उँगली दबा ली। अब लियोनार्डो ने वास्तविक परियोजना की तैयारी प्रारंभ की। लुडविको के अस्तबल में तरह-तरह के घोड़े थे। लियोनार्डो ने अब उनका अध्ययन आरंभ किया। इस क्रम में उसने—

1. घोड़ों के तरह-तरह से चित्र तैयार किए।
2. घोड़ों के आकारों को तरह-तरह से मापा।
3. घोड़ों की विभिन्न मुद्राओं, जैसे—चलना, उछलना, कूदना आदि को दर्ज किया।
4. घोड़े के विभिन्न अंगों, जैसे—पेट, पृष्ठ भाग, अग्र भाग आदि का बारीकी से अध्ययन किया।

इस क्रम में लियोनार्डो ने कई घोड़ों की चीर-फाड़ करके भी बारीकी से अध्ययन किया और जाना कि किस प्रकार घोड़े आगे बढ़ते हैं या पीछे हटते हैं। पहले क्ले द्वारा मॉडल बनाने की विधि विकसित करने में, फिर अध्ययन करने में और फिर विशालकाय मॉडल तैयार करने में लगभग दस वर्ष लग गए। मॉडल को अनेक प्रकार से तराशा गया और चिकना बनाया गया।

सन् 1493 तक यह विशालकाय मॉडल तैयार हो गया और इसे किले में राजा के महल के सामने रखा गया। देखनेवालों की भीड़ जुट गई और इसे देखकर सबके सब अवाक् रह गए।

अब इस विशाल मॉडल के समतुल्य काँसे की आवश्यकता थी, ताकि वास्तविक ढलाई करके काँसे का घोड़ा तैयार किया जा सके। पर तभी फ्रांस की सेना ने इटली पर आक्रमण कर दिया। अब लुडविको को अपने बचाव की चिंता हुई। उसने आदेश दिया कि सारे-का-सारा काँसा तोप बनाने में लगा दिया जाए।

इसके साथ ही काँसे का विशाल घोड़ा बनाने की योजना ठंडे बस्ते में डाल

दी गई। इटली व फ्रांस के बीच लगभग पाँच वर्ष तक युद्ध चला और इटली अंततः परास्त हो गया।

सन् 1499 में जब फ्रांसीसी सेना ने मिलान पर कब्जा किया तो फ्रांसीसी तीरंदाजों ने घोड़े का वह मॉडल देखा। उन्हें वह दिलचस्प लगा और उन्होंने तय किया कि इसपर वे तीरंदाजी करेंगे और निशान के रूप में वह मॉडल प्रयोग होता रहा।

□

व्यक्तिगत जीवन

लियोनार्डो अपने आप में एक अद्‌भुत व विशिष्ट व्यक्ति था। उसका चिंतन अनोखा था और विचार दृढ़ होते थे। वह जमाने से हटकर था और हर विषय के बारे में अलग ही ढंग से सोचता था। उसकी चाहत व पसंद निराली थी। अत: उसने अपना निजी जीवन भी अलग ही तरीके से व्यवस्थित किया था। उसने कभी विवाह नहीं किया। क्यों नहीं किया, यह स्पष्ट नहीं हो सका। उनतालीस वर्ष की आयु तक वह अकेला ही रहता था। इसके बाद उसने एक बच्चे को गोद ले लिया।

दस वर्षीय वह बालक अनाथ था और सड़कों पर ऐसे ही घूमा करता था। जब वह लियोनार्डो के पास आया तो उसके शरीर पर कपड़े के रूप में चिथड़े मात्र थे। काले रूप-रंग के इस बालक के बाल घुँघराले थे उसे असहाय और विपन्न बालक का नाम गियाकामो था। लियोनार्डो ने उसका नाम 'सलाई' रखा, जिसका अर्थ था—छोटा शैतान।

लियोनार्डो उस बालक को बहुत प्यार करता था। उसने उसे अच्छे-से-अच्छा भोजन उपलब्ध कराया और बेशकीमती कपड़े पहनने के लिए उपलब्ध कराए। अन्य तरह-तरह की सुख-सुविधाएँ भी जुटाईं, पर कोई लाभ नहीं हुआ। उन सब सुविधाओं से लड़का बिगड़ता चला गया। लियोनार्डो उसे अपनी तरह पेंटर बनाना चाहता था, पर उस लड़के ने इस कला में कोई रुचि नहीं दिखाई। अन्य काम सिखाने के प्रयास भी निरर्थक हो गए।

एक बार लियोनार्डो ने दर्जी को नए कपड़े तैयार करने के लिए कहा और उसको देने के लिए सिलाई के पैसे सँभालकर रख दिए। उस शैतान लड़के ने वे पैसे चुरा लिये। लियोनार्डो ने जब पूछताछ की तो वह मुकर गया, पर यह साबित हो गया कि पैसे उसी ने चुराए थे।

इसी प्रकार एक बार फैंसी ड्रेस की एक प्रतियोगिता के लिए लियोनार्डो ने अनेक पोशाकें डिजाइन की थीं। जब प्रतियोगी इन पोशाकों को आजमा रहे थे तब उस लड़के ने एक प्रतियोगी का बटुआ चुरा लिया था।

धीरे-धीरे उस लड़के की दुष्टताएँ बढ़ती गईं। वह चोरी भी करने लगा। लियोनार्डो से उसका अकसर झगड़ा होता रहता था। बीच-बीच में वह भाग जाता था और फिर लौटकर आ जाता था।

अंतत: लियोनार्डो ने उससे हार मान ली और निवेदन किया कि उसे शांति से रहने दे। उसने उस लड़के का नाम 'लिटिल डेविल' रख दिया था। उसने भी लियोनार्डो का पीछा एक शैतान की भाँति किया और जीवन के छब्बीस वर्ष तक पीछा नहीं छोड़ा। मरने के बाद लियोनार्डो के पास जो थोड़ी-बहुत संपत्ति बची थी, वह लड़का उसके आधे भाग का उत्तराधिकारी भी बना।

पर लियोनार्डो ने अपने माता-पिता के प्रति सभी दायित्व पूरे किए। जन्म देनेवाली माता कैटरीना अपने अंतिम दिनों में लियोनार्डो के पास आ गई थीं। उसने माता की खूब सेवा की। कैटरीना का देहांत मिलान के एक अस्पताल में हुआ था।

लियोनार्डो के पिता पियरो द विंची का संबंध लियोनार्डो से आजीवन बना रहा। मिलान में रहते हुए भी लियोनार्डो अपने पिता से मिलने फ्लोरेंस जाता रहता था और हर प्रकार से सहायता करता था। पिता-पुत्र के बीच का स्नेह संबंधों की अवैधता पर भारी पड़ा। परंतु धनाढ्य पियरो ने मरने से पूर्व कोई वसीयत नहीं छोड़ी। इस प्रकार उसकी पैतृक संपत्ति में से लियोनार्डो को फूटी कौड़ी भी नहीं मिल पाई। सारी जायदाद सौतेले भाइयों ने हड़प ली। उम्र में बहुत छोटे इन सौतेले भाइयों ने लियोनार्डो का कोई खयाल नहीं रखा। लियोनार्डो ने अनेक महिलाओं की अत्यंत खूबसूरत कालजयी पेंटिंगें बनाईं, पर किसी महिला ने उसका साथ नहीं दिया। उसके जीवनकाल में अकसर यह प्रश्न उठता रहा कि ये महिलाएँ कौन हैं और लियोनार्डो से उनका क्या संबंध है ? पर पेंटिंग की खूबसूरती के सामने यह प्रश्न गौण बनकर रह गया।

□

पादरियों से परहेज और प्राणियों से प्रेम

एक दिन लियोनार्डो अपने स्टूडियो में चित्र बनाने में व्यस्त था। स्टूडियो में अगल-बगल पूर्ण-अपूर्ण अनेक चित्र टँगे हुए थे। तभी एक पादरी वहाँ आया और चित्रों पर पानी छिड़कने लगा। इस हरकत पर चौंकते हुए लियोनार्डो ने पूछा, 'आप यह क्या कर रहे हैं?'

'मैं तुम्हारे चित्रों को इस पवित्र जल के जरिए आशीर्वाद दे रहा हूँ। प्रिय पुत्र, मैं यह कार्य इस सड़क के अगल-बगल बसे सभी घरों में कर रहा हूँ।' पादरी ने उत्तर दिया।

लियोनार्डो का गुस्सा बढ़ा। उसने कहा, 'इन चित्रों को आपके आशीर्वाद की कोई आवश्यकता नहीं है। ये तो पहले से ही पवित्र हैं।'

खिसियाया हुआ पादरी बाहर निकलकर सीढ़ियों से नीचे उतरने लगा तो लियोनार्डो ने उसपर एक बालटी पानी उड़ेल दिया और कहा, 'आगे से जबरदस्ती वहाँ कभी मत जाना जहाँ पर आपकी आवश्यकता न हो।'

पंद्रहवीं सदी के कालखंड में यह एक बड़ी घटना थी; क्योंकि उस समय चर्च व पादरी अत्यंत शक्तिशाली थे। उनका अपमान करना तो दूर, उनकी इच्छा और सहमति के बिना कोई भी कार्य नहीं हो पाता था।

लियोनार्डो आजीवन इन पादरियों से रुष्ट रहा। उसका कहना था कि ये लोग बोलते बहुत हैं और करते कुछ नहीं हैं। ये लोग धन भी खूब ऐंठते हैं। ये बड़े-बड़े महलों में रहते हैं और ईश्वर को प्रसन्न करने का दावा करते हैं। यही नहीं, ये गरीब लोगों को लूटकर उन्हें नारकीय जीवन बिताने को मजबूर करते हैं, उन्हें आश्वासन देते हैं कि एक दिन उन्हें स्वर्ग मिलेगा और फिर वे सदा सुखी रहेंगे।

उस काल में पोप व चर्च के अधिकांश पादरी लोगों के पाप माफ कराने के बदले मोटी रकम लिया करते थे। यही नहीं, वे लोगों को तरह-तरह से डरा-

धमकाकर पैसे ऐंठा करते थे।

हालाँकि लियोनार्डो को ईश्वर व उसकी रचना से विशेष प्रेम था। वह सभी छोटे-बड़े पशु-पक्षियों से प्रेम करता था। वह न सिर्फ शाकाहारी था वरन् पशु-पक्षियों की स्वतंत्रता की भी वकालत करता था।

लियोनार्डो नियमित रूप से स्थानीय बाजार जाता और जंगली पक्षियों के पिंजरों को खरीदकर उनमें बंद पक्षियों को उड़ा कैद से मुक्त कर देता था। उन दिनों लोग मीठी-सुरीली आवाजोंवाले जंगली पक्षियों को पिंजरे में बंद करके अपने घरों में या सामने के दरवाजे पर लटकाया करते थे। उसके इस परोपकार से पक्षियों के व्यापारी प्रसन्न रहा करते थे।

उसका कहना था कि मनुष्य को मात्र जीभ के स्वाद के लिए या छोटी-मोटी प्रसन्नता के लिए इन निरीह पशु-पक्षियों को परेशान नहीं करना चाहिए। प्रकृति ने भोजन के लिए या प्रसन्न रहने के लिए अनेक प्रकार की बहुत सी सामग्रियाँ हमें उपहार में दी हैं।

□

मिलान में किए अन्य अध्ययन व आविष्कार

अब तक वर्णित समस्त आविष्कारों, प्रयोगों आदि के अलावा भी लियोनार्डो ने अन्य बहुत से अध्ययन व प्रयोग किए थे।

लियोनार्डो बड़ा ही जिज्ञासु और जागरूक व्यक्ति था, जिसकी जिज्ञासा का कोई ओर-छोर नहीं था। वह बचपन से ही सूर्य को देखता आया था। उसके मन में जिज्ञासा उठती थी कि आखिर यह सूर्य है कितना बड़ा? उस संबंध में उसने एक फ्रांसीसी व्यक्ति से भी चर्चा की थी और प्राचीन यूनानी दर्शनिक अरस्तू का भी इतालवी भाषा में अनूदित लेख पढ़ा था। उसने इस संबंध में अनेक प्रयोग भी किए थे।

वह केवल सैद्धांतिक प्रयोग ही नहीं करता था वरन् अपने सामने आनेवाली हर छोटी-बड़ी समस्या का निदान करने का प्रयास करता था, जैसे—

1. गड्ढे में भरे पानी को निकालने के लिए क्रेन लगे उपकरण।
2. ऐसा टेबल-लैंप, जिसकी रोशनी कम या ज्यादा की जा सके।
3. एक ऐसी आरामकुरसी, जिसमें बैठनेवाला न केवल सुस्ता सके वरन् उसके कमरदर्द, बदनदर्द आदि भी फुर्र हो सकें।

लियोनार्डो अपने कार्य में हर समय व्यस्त रहता था, फिर भी उसके पास कामों का ढेर लगा होता था। वह अपने भावी कामों की योजना अपनी नोटबुकों में दर्ज करता था, जैसे—

1. ज्यों ही समय मिलेगा तो राजा सोर्जा के किले की नाप-जोख करूँगा।
2. यह जानकारी प्राप्त करूँगा कि तोप कैसे बनाई जाती है?
3. यह पता करूँगा कि लोग बर्फ पर कैसे दौड़ते हैं?
4. नदियों पर बाँध कैसे बनाया जाता है और इसकी कितनी लागत आती है?

इसके साथ-साथ वह अपने लिए स्वादिष्ट भोजन की भी योजना बनाया करता था।

इस प्रकार की लिखित टिप्पणियों से यह ज्ञात होता है कि उसकी ज्ञान की भूख किस हद तक तीव्र और बढ़ी हुई थी। वह कम-से-कम समय में अधिक-से-अधिक जान लेना चाहता था और किसी से भी कोई चर्चा करने में वह संकोच नहीं करता था। अपनी जिज्ञासाओं के शमन के लिए वह हमेशा व्याकुल रहता था।

□

कालजयी रचना 'द लास्ट सपर'

वर्ष 1495 चल रहा था। मिलान के राजा लुडविको के मन में विचार आया कि एक मठ के भोजन-कक्ष की दीवार पर एक पेंटिंग बनवाई जाए, जो उस स्थान के लिए उपयुक्त हो।

लियोनार्डो के साथ चर्चा करने के पश्चात् यह तय हुआ कि एक ऐसी पेंटिंग वहाँ की दीवार पर बनाई जाए जो 'म्यूरल' कहलाती है, और उसका विषय हो 'अंतिम भोजन' (रात्रि का)।

वास्तव में जीसस के लिए यह सह-भोजन अति महत्त्वपूर्ण था। उस रात उन्होंने अपने शिष्यों के साथ अंतिम रात्रि का भोजन किया था और उसके बाद अगले ही दिन उन्हें सूली पर चढ़ा दिया गया था। एक अन्य विशेष बात यह थी कि जीसस को पता था कि उनमें से ही एक शिष्य अगले दिन उन्हें धोखा देनेवाला है।

इस घटना और उसमें निहित भावनाओं की जीवंत रूप में प्रस्तुति करना किसी साधारण चित्रकार के बस का नहीं था। लियोनार्डो जैसा अद्भुत कलाकार ही यह कार्य कर सकता था। उसने इस अद्भुत पेंटिंग को तैयार किया, जो लगभग 4.6 मीटर ऊँची, 8.8 मीटर लंबी तथा जमीन से 2 मीटर की ऊँचाई से प्रारंभ होती थी। विशेष बात यह है कि लियोनार्डो द्वारा तैयार की गई तमाम रचनाओं में केवल यही रचना ऐसी है जो अभी भी अपने स्थान पर अडिग है। शेष सभी रचनाएँ या तो टूट-फूट गईं, नष्ट हो गईं या उन्हें दूर ले जाकर अजायबघरों में सुरक्षित रख दिया गया।

इस कालजयी रचना को तैयार करने के लिए लियोनार्डो ने कार्यस्थल पर स्कैफोल्डिंग तैयार करवाई, जैसे कि भवन-निर्माण के लिए करवाई जाती है। जगह तैयार करने के साथ-साथ लियोनार्डो ने यह भी तय किया कि तसवीर का रुख किस दिशा में और कैसा होगा। तसवीर त्रिआयामी रखी गई और इस प्रकार रखी गई है,

ताकि दर्शक जीसस के चेहरे पर ध्यान केंद्रित करें।

जिस दिन से यह कार्य लियोनार्डो को सौंपा गया उसी दिन से यह लियोनार्डो के चिंतन का केंद्रबिंदु बन गया। अर्जुन की चिड़िया की आँख की तरह लियोनार्डो को इसके अतिरिक्त कुछ दिखता ही नहीं था। मठ के पादरी व अन्य लोग उसके कार्य व व्यवहार को देखते थे और चौंकते थे। खबर मिलने पर राजा ने स्वयं निरीक्षण किया और कहा कि यह महान् कलाकार रोज आता है, स्कैफोल्डिंग पर चढ़ता है और फिर लगातार काम करता रहता है।

कभी-कभी लियोनार्डो वहाँ पर सूर्योदय के समय ही पहुँच जाता था और सूर्यास्त तक लगातार काम करता रहता था। काम के बीच वह खाना-पीना भी भूल जाता था। उसका ब्रश लगातार चलता रहता था। पर हमेशा ऐसा नहीं होता था। कई बार वह तीन-चार दिनों में एक बार ही वहाँ जाता था और ब्रश को हाथ भी नहीं लगाता था। पर वह अब तक किए गए कार्यों को अनवरत निहारता रहता था। लोग देखते कि वह हाथ बाँधे देखता व सोचता रहता था।

उन्हीं दिनों लियोनार्डो विशालतम घोड़े की मूर्ति पर भी कार्य कर रहा था। एक बार वह वहाँ से भरी दोपहरी में आया और स्कैफोल्डिंग पर चढ़कर उसने ब्रश से रंग के दो-चार हाथ तसवीर पर मारे और फिर उतरकर चला गया।

लगभग दो वर्षों में लियोनार्डो ने पूरा चित्र तैयार कर लिया था, जिसमें जीसस और उनके ग्यारह शिष्य स्पष्ट दिखाई दे रहे थे। पर जूडास रह गया था। लियोनार्डो की इच्छा थी कि जूडास का चित्र जीवंत व वास्तविक हो और वह दर्शकों को अलग ही दिखाई दे।

जैसा कि बाइबिल में वर्णित है, जूडास एक धूर्त व्यक्ति था। लियोनार्डो चाहता था कि उसके चित्र से उसकी धूर्तता व विश्वासघात स्पष्ट दिखाई दें। इसके लिए वह ऐसे व्यक्ति की तलाश में था जो देखने में न सिर्फ बदसूरत लगे वरन् उसके चेहरे से दुष्टता स्पष्ट झलके। पर ऐसा उपयुक्त व्यक्ति मिलना आसान काम नहीं था; अतः इसी खोज में महीनों निकल गए।

मठ के पादरी बेचैन होने लगे। उन्हें न केवल चित्र पूरा होने का इंतजार था वरन् वे चर्च का भोजन-कक्ष भी खाली चाहते थे, जहाँ पर लियोनार्डो के स्कैफोल्डिंग बँधे थे और तमाम साजो-सामान बिखरा पड़ा था।

अंततः प्रधान पादरी ने राजा लुडविको के पास जाकर शिकायत कर दी कि लियोनार्डो ने काम बीच में ही बंद कर दिया है, अतः उससे काम पूरा कराया जाए। लुडविको लियोनार्डो का आदर करता था। उसने जब इस शिकायत का उल्लेख

लियोनार्डो से किया तो उसने सफाई दी कि वह हर रोज कम-से-कम दो घंटे उस अद्भुत चित्र पर काम करता है।

पर 1497 का पूरा वर्ष बीत गया। पादरियों व अन्य लोगों ने लगातार राजा के कान भरे। सच भी यही था कि साल भर में लियोनार्डो का ब्रश उस तसवीर से स्पर्श तक नहीं कर पाया था। बात फिर राजा तक पहुँची। इस बार बातचीत का वातावरण गरम था।

लियोनार्डो ने फिर कहा कि मैं अब भी रोजाना दो घंटे इस तसवीर पर कार्य कर रहा हूँ। जब उसने देखा कि राजा व अन्य लोगों के चेहरे पर अविश्वास की रेखाएँ उमड़ रही हैं तो लियोनार्डो ने पूरी दृढ़ता के साथ कहा कि जब ऐसा लगता है कि कलाकार काम नहीं कर रहा है तो भी वह काम में व्यस्त होता है। उसका मस्तिष्क अनेक प्रकार की उलझनों से जूझ रहा होता है। अपनी उलझन से परदा हटाते हुए उसने कहा कि जूडास का चेहरा बनाने के लिए मुझे उपयुक्त मॉडल की तलाश है और इस काम के लिए मैं शहर की बदनाम गलियों की खाक छान रहा हूँ। मैं शहर के चोरों, लुटेरों, ठगों के पास जा-जाकर उनके चेहरों का लगातार अवलोकन कर रहा हूँ। मैं उनके पेशे, उनकी मानसिकता और उनके चेहरे के भावों में साम्यता की तलाश कर रहा हूँ, जिससे चित्र वास्तविक रूप में उभारा जा सके।

वातावरण में तनाव उत्पन्न हो गया। कुछ पलों की चुप्पी के पश्चात् वातावरण को हलका करने के प्रयास में लियोनार्डो ने कहा कि यदि मुझे कोई उपयुक्त व्यक्ति नहीं मिला तो मैं इन्हीं शिकायतकर्ताओं की शक्ल के आधार पर जूडास का चित्र बना दूँगा।

फिर क्या था, हँसी का फव्वारा छूट पड़ा। राजा भी अपनी हँसी नहीं रोक पाए। पर कुछ महीनों में लियोनार्डो की तलाश पूरी हो गई और उसे एक उपयुक्त चरित्र मिल गया। जूडास का उपयुक्त चित्र उभरकर सामने आ गया। लियोनार्डो ने अपनी कालजयी रचना 'अंतिम रात्रि का भोजन' को पूरा किया।

पर असफलताओं का तो लियोनार्डो से चोली-दामन का रिश्ता था। लंबे समय, कठोर परिश्रम के बाद तैयार हुई वह रचना अल्पजीवी सिद्ध हुई। उसकी रौनक कम होने लगी।

इसका एक प्रमुख कारण तकनीक संबंधी था। उस पुनरुद्धार के युग में ज्यादातर इतालवी कलाकार फ्रैस्को तकनीक से भित्ति चित्र (म्यूरल) तैयार करते थे। इसमें ताजे किए प्लास्टर पर जल आधारित पेंट का प्रयोग होता था। चूँकि प्लास्टर बहुत तेजी से सूख जाता है, अतः कलाकार को अपनी तसवीर में परिवर्तन

करने के लिए या दोबारा प्रयास करने के लिए अवसर नहीं मिल पाता था। यही कारण था कि कलाकार पहले से पूरी योजना तैयार करते थे और दृढ़तापूर्वक उसी पर अमल करते थे। पर लियोनार्डो के साथ ऐसा नहीं था। वह अपने बनाए चित्रों को बार-बार सँवारता था। इसके लिए वह बार-बार ब्रश चलाता था। वह अकसर बीच-बीच में सोचने के लिए रुक जाता था।

अपने स्वभाव के अनुसार उसने तकनीक में परिवर्तन किया। उसने प्लास्टर की दोहरी परत तैयार करवाई तथा उस पर गाढ़ा टेंपरा पेंट लगाया। इस प्रकार उसने परिवर्तित फ्रैस्को तकनीक विकसित की। पर इस महान् रचना 'अंतिम रात्रि का भोजन' को तैयार करने से पूर्व उसने इस तकनीक को कहीं आजमाया नहीं था।

अपने स्वभाव के अनुसार पेंट करते-करते वह बीच में रुक जाता था और अब तक किए कार्य व आगे किए जानेवाले कार्य के बारे में सोचने लगता था। इससे पेंटिंग के जीवन की अवधि कम हो गई।

इसके अलावा उस दीवार में नीचे से नमी धीरे-धीरे चढ़ रही थी और पेंटिंग बनाते समय लियोनार्डो को इसका आभास नहीं हुआ।

इन सभी बातों का गंभीर दुष्परिणाम हुआ और तीन वर्ष के परिश्रम व पादरियों के साथ चली खींचतान के बावजूद तैयार हुए काम पर पानी फिरने लगा। इस काल की सबसे खूबसूरत पेंटिंग पर नमी, धूल आदि चढ़ने लगी और उसका सौंदर्य मुरझाने लगा। यह भी कहा जा सकता है कि पेंटिंग भी लियोनार्डो की ही तरह अभागी थी। एक के बाद एक कारण उभरते चले गए और उन्होंने इस महान् रचना को बरबाद करने में कोई कसर नहीं छोड़ी। संक्षेप में समयवार उल्लेख इस प्रकार है—

1. वर्ष 1499 : अंदर से बढ़ती नमी और बाहर से पड़नेवाली धूल ने छवि को शीघ्र ही बिगाड़ना प्रारंभ कर दिया।
2. वर्ष 1500 : एक वर्ष बाद ही बाढ़ आई और उसने उस कक्ष को पानी से लबालब भर दिया। दीवार पूरी तरह सील गई। बाढ़ के साथ आई गंदगी भी वहाँ जम गई थी।
3. वर्ष 1503 : दीवार से पेंट इस प्रकार उखड़ने लगा जैसे पतझड़ के मौसम में पत्ते गिरते हैं।
4. वर्ष 1556 : 'अंतिम रात्रि का भोजन' तसवीर अब एक बड़े धब्बों के समूह जैसी लगने लगी।
5. वर्ष 1624 : तसवीर की यादगार का सत्यानाश करने के लिए उस

दीवार में से एक दरवाजा रसोईघर के लिए निकाला गया। यह दरवाजा वहाँ निकाला गया जहाँ पर जीसस के खाने की मेज का टेबल क्लॉथ था। हालाँकि यह दरवाजा फिर से बंद कर दिया गया, पर फिर भी जोड़ स्पष्ट दिखाई देते हैं। जीसस के पैर तो हमेशा के लिए अदृश्य हो गए।

6. वर्ष 1700 के बाद : अठारहवीं सदी में इस महान् भित्ति चित्र के खंडों के पुनर्निर्माण के प्रयास हुए, पर इन प्रयासकर्ताओं ने इस महान् कलाकृति का नुकसान ज्यादा किया। उन्होंने उस चित्र से तसवीरों को निकाला और अपने तरीके से फिर पेंट किया। पर यह तरीका भी भिन्न था और फिर छवि भी बदसूरत बनी।
7. वर्ष 1796 : नेपोलियन ने अपने विजय अभियान के दौरान इटली पर भी कब्जा किया। नेपोलियन लियोनार्डो का आदर करता था और उसने उसकी कृतियों को बचाने व सँभालने का निर्देश दिया था; पर फिर भी उसके अनाड़ी सेनानायकों ने उसी मठ में अपने घोड़ों का चारा रखने का निर्देश दिया। नेपोलियन के सिपाही खाली समय में उस तसवीर में स्थित सिरों पर ईंट-पत्थरों से निशाना लगाकर समय बिताते थे।
8. वर्ष 1800 : मठ में फिर से बाढ़ का पानी भर गया और दीवारें बहुत ज्यादा सील गईं।
9. वर्ष 1820-1908 : इस लंबी अवधि में तीन बार प्रयास किए गए और तसवीरों को सुधारा गया; पर ये प्रयास इसमें पैबंद ही साबित हुए।
10. दूसरा विश्वयुद्ध : दूसरे विश्वयुद्ध में इटली मुसोलिनी के नेतृत्व में अग्रणी था और इस कारण इटली में भारी बमबारी हुई। एक बार इस मठ की छत पर बम गिरा। पर वह दीवार, जिसपर चित्र अंकित था, बच गई; क्योंकि उसके पास रेत के बोरे एक दीवार के रूप में बचाव हेतु रखे गए थे।

इस प्रकार लियोनार्डो के अथक परिश्रम के अद्भुत परिणाम का पतन हुआ। पर पतन की इस गाथा ने लियोनार्डो को अमर बना दिया।

□

ऊँची उड़ान का लंबा प्रयास

उड़ान का प्रयास लियोनार्डो से पूर्व भी हो चुका था। सन् 1325 का एक खिलौनानुमा उपकरण उपलब्ध है, जो पवन चक्की के सिद्धांत पर आधारित है। इसे उड़ाने का प्रयास किया गया था।

उधर भारतवर्ष में रामायण काल में ही पुष्पक विमान बन चुका था; पर पश्चिम के लोग इसे कपोल-कल्पना ही मानते रहे हैं। लियोनार्डो ने उपर्युक्त खिलौने का भी अध्ययन किया और प्राचीन यूनानी वैज्ञानिक आर्कमिडीज के स्क्रू का भी।

लियोनार्डो बाल्यकाल से ही प्रकृति-प्रेमी था और पक्षी-प्रेमी भी। उसका मस्तिष्क पक्षियों की तरह उड़ानें भरता था और वह स्वयं भी गुरुत्वाकर्षण के बंधनों को फाँदकर आकाश के ओर-छोर नापना चाहता था।

सन् 1490 के दशक में मिलान में रहते हुए उसने पक्षियों के बहुत से चित्र भी बनाए और उनके उड़ने की प्रक्रिया पर नोट्स भी तैयार किए। उसने पक्षियों के डैनों व छोटे-बड़े पंखों का बड़ी बारीकी से अध्ययन किया और उड़ान के गतिशास्त्र की कल्पना कर डाली।

लियोनार्डो का स्पष्ट मानना था कि पक्षी वास्तव में प्रकृति द्वारा तैयार किया गया एक उपकरण है, जो बखूबी अपना कार्य कर सकता है। उसे विश्वास था कि इसके आधार पर उड़नेवाला उपकरण या मशीन तैयार की जा सकती है। इस क्रम में लियोनार्डो ने अनेक प्रकार के अध्ययन व प्रयास किए, जैसे—

1. उसने ऊँचाईवाले स्थान से नीचे देखा और अनुमान लगाया कि उड़ते समय किस प्रकार का नजारा देखने को मिलेगा।
2. उसने उड़नेवाले अनेक प्राणियों की चीर-फाड़ की और इस प्रकार पक्षियों के शरीर की आंतरिक संरचना का गहन अध्ययन किया।

चूँकि लियोनार्डो अपने सभी अध्ययनों, कार्यों, परिणामों को दर्ज करता था, इस क्रम में उसने अपनी नोटबुक में लिखा कि उड़ने का विचार एक बार उसके मस्तिष्क में तब आया जब वह एक छत पर पेंटिंग बना रहा था। उसे लगा कि प्राचीन काल के यूनानी वैज्ञानिक आर्कमिडीज ने गजब का स्क्रू तैयार किया था, जो लंबे समय से गहराई से पानी निकालने के काम आता रहा है। उसे लगा कि यदि इसके जरिए हवा को ऊपर की ओर पंप किया जाए तो व्यक्ति उड़ भी सकता है। यदि यह संभव हुआ तो कितना आनंद आएगा। मनुष्य ऊपर से हरियाली, चट्टानों, गिरजाघरों, इमारतों को देखेगा तो इसका अलग ही नजारा होगा।

इसके साथ ही उसने दो प्रकार के डिजाइन तैयार किए। एक आधुनिक पैराशूट से मिलता-जुलता और दूसरा आधुनिक हेलीकॉप्टर से।

उपर्युक्त दोनों के चित्र बनाने के अलावा उसने उड़नेवाली मशीन के अनेक चित्र बनाए, जो कि चिड़िया के पंखों की प्रणाली पर आधारित थे। इनमें काफी भिन्नता भी थी। कुछ चित्र ऐसे थे जो कि उड़नेवाली नाव जैसे थे और उनमें चप्पू के स्थान पर पंख लगे थे। लियोनार्डो ने उड़नेवाली मशीन के सक्रिय मॉडल भी तैयार किए थे। उसने एक मशीन का चित्र बनाया था, जिसमें चार चप्पू लगे थे और उस मशीन में बैठनेवाला हाथों एवं पैरों की सहायता से उन चप्पुओं को इस प्रकार घुमाता था जिस प्रकार आधुनिक हेलीकॉप्टर के पंख घूमते हैं।

इसके अलावा उसने एक और मॉडल बनाया था, जिसमें बड़े पक्षी की तरह डैने थे और इसमें उड़नेवाला व्यक्ति अपने पैरों से भारी पैडलों को ऊपर-नीचे करता था। यह भी कहा जाता है कि सन् 1495 में अपनी उड़नेवाली मशीन के मॉडल में उसने मिलान के तत्कालीन राजा लुडविको को सैर कराई; पर इसमें राजा बुरी तरह गिरा और उसकी टाँग टूट गई।

इसमें असफल रहने के बावजूद लियोनार्डो ने हार नहीं मानी। वह तरह-तरह के प्रयोग करता रहा। इसी के साथ उसने पैराशूट बनाने के लिए अनेक प्रयोग किए। अपनी नोटबुक में उसने लिखा कि यदि एक औसत मनुष्य 12 मीटर तंबू के कपड़े से अपने आपको मजबूती से बाँधकर कूदे तो वह आसानी से बिना चोट खाए नीचे जमीन पर उतर सकता है, चाहे वह किसी भी ऊँचाई से क्यों न कूदे।

इस प्रकार का प्रयोग रोमन सैनिक पहले कर चुके थे। अपने समय में लियोनार्डो ने अनेक सामान्य लोगों को भी इस प्रयोग में भाग लेने के लिए प्रोत्साहित किया और समझाने का प्रयास किया कि यदि गिरे भी तो उतनी ही चोट लगेगी जितनी कि घोड़े से गिरने पर लगती है। पर कोई इस साहसिक प्रयोग के लिए तैयार न हुआ।

इस प्रकार हम देखते हैं कि उसकी उड़ान संबंधी धारणा पक्षियों की उड़ान पर आधारित थी और वह मनुष्य की दृष्टि से तब भी गलत था और आज भी गलत है। इस प्रकार से उड़ना न तब संभव था और न अब है; पर लियोनार्डो की सोच व दूरदर्शिता का आज भी जवाब नहीं मिला है।

लियोनार्डो की यह सोच समय से बहुत ज्यादा आगे थी। उस समय व्यक्ति के पास ऊर्जा या शक्ति का उपयुक्त स्रोत नहीं था। उस समय न तो बिजली की मोटरें थीं और न ही पेट्रोल से चलनेवाले इंजन थे। फ्यूल सैल की तो कल्पना भी नहीं थी। केवल मनुष्य की मांसपेशियों की शक्ति और घोड़े की शक्ति थी। भाप की शक्ति के बारे में मात्र कल्पना ही थी।

□

जल-शक्ति की कल्पना

प्रकृति की अन्य चीजों की ही भाँति लियोनार्डो जल को भी बड़ी बारीकी से निहारा करता था और उसके बारे में गहराई से चिंतन किया करता था।

बचपन से ही वह पानी के बारे में सोचता था कि यह हमारे शरीर के लिए उतना ही आवश्यक है जितना कि रक्त। यह विश्व के सभी प्राणियों की अनिवार्य आवश्यकता है। युवावस्था में लियोनार्डो ने कई बार अपने घर या शहर के आस-पास बाढ़ के दृश्य देखे थे। उन परिस्थितियों में उसने जल की विनाशकारी लीला देखी। उस समय उसे लगा कि कभी शांत, निर्मल-सा लगनेवाला मंद प्रवाहित जल भयंकर भूकंप या बीभत्स ज्वालामुखी से अधिक विकराल हो जाता है। ऐसे में वह अपने किनारों को तोड़ता-फोड़ता, अपने रास्ते में जो कुछ भी आता है उसे बहाता-डुबोता हुआ आगे बढ़ता चला जाता है। उसके सामने बच्चे, बड़े, गाय-भैंस, घोड़े, पेड़-पौधे, जंगली प्राणी, बड़े-बड़े मकान, इमारतें सभी लाचार हो जाते हैं।

अपने अवलोकन व अध्ययन के आधार पर लियोनार्डो ने अनुमान लगाया कि किस प्रकार नदियों की बहती धारा समय के साथ चट्टानों को काट-काटकर छोटा कर देती है। नदियाँ पृथ्वी पर भूमि को आकार दे-देकर घाटियों को जन्म देती हैं। यही नहीं, कई बार समुद्र के नीचे से पूर्ण श्रृंखलाएँ ऊपर उठ जाती हैं।

लियोनार्डो का अध्ययन कितना गहरा व विस्तृत था, इस बात का अंदाजा इस बात से लगाया जा सकता है कि मई सन् 1500 में उसने अपनी नोटबुक में लिखा कि मैंने देखा कि बड़े पहाड़ पर समुद्र में पाई जानेवाली सीपियाँ बिखरी हैं। जब मैंने स्थानीय लोगों से उनके बारे में पूछा तो उन्होंने बताया कि ये तो यहाँ वैसे ही चट्टानों में बन गई हैं या उग आई हैं। लियोनार्डो को इसपर विश्वास ही नहीं हुआ।

उपर्युक्त स्थिति के बारे में धार्मिक लोगों का मानना था कि बाइबिल में एक भयानक बाढ़ का उल्लेख है और उस समय बाढ़ के साथ ये सीपियाँ भी यहाँ आ

गई थीं। तत्कालीन परिस्थितियों में भी लियोनार्डो ने इसका जोरदार खंडन किया।

लियोनार्डो ने उस समय यह परिकल्पना की कि ये पहाड़ दरअसल किसी समय समुद्र की तली पर रहे होंगे और ये सीपी जिन समुद्री प्राणियों के होंगे, वे इन पर मँडराते होंगे। कालांतर में ये पहाड़ ऊपर उठ गए और ये समुद्री जीव मर गए। उनके कवच अर्थात् सीपी, शंख आदि पहाड़ के ऊपर जम गए।

इस प्रकार लियोनार्डो ने यह खोज भूगर्भ-शास्त्रियों से तीन सौ वर्ष पूर्व ही कर ली थी। यही नहीं, उसने उस काल की भी कल्पना की थी कि आखिर जब पृथ्वी अपना रूप ले रही थी तो क्या-क्या हुआ होगा और कैसे-कैसे हुआ होगा। कालांतर में ये सभी तथ्य प्रमाणों के साथ सामने आए।

लियोनार्डो की कल्पनाएँ ऊँची उड़ानें भरती थीं, पर वह अपनी कल्पनाओं से प्राप्त ज्ञान का उपयोग जनहित में करने का प्रयास करता था। उसने जल-शक्ति की कल्पना की और समय-समय पर उसे बाँधने एवं जनोपयोगी बनाने का प्रयास किया। यही नहीं, उसने आक्रमणकारियों से बचाव हेतु भी जल-शक्ति के प्रयोग का प्रयास किया।

सन् 1490 के दशक में जब फ्लोरेंस और पीसा के मध्य युद्ध चल रहा था, तो लियोनार्डो ने आर्नो नदी का मार्ग रोककर उसे इस प्रकार बदलने की योजना बनाई थी, ताकि पीसा शहर की जलापूर्ति बाधित हो जाए और उनका बंदरगाह सूख जाए। उसका विचार था कि एक साथ सैकड़ों मजदूरों को लगाकर नदी के मार्ग में मजबूत लकड़ी का एक बाँध खड़ा कर दिया जाए। इसी बीच सैकड़ों मजदूर एक नहर खोदने में लगा दिए जाएँ और इस नहर का मार्ग ऐसा हो, ताकि पानी पीसा की बजाय दूसरी ओर बहने लगे। पर लियोनार्डो के दुर्भाग्य ने एक बार फिर पीछा नहीं छोड़ा और पीसावासी भाग्यशाली निकले। लियोनार्डो को पर्याप्त मजदूर नहीं मिले और साथ ही बाँध तैयार करने के लिए लकड़ी व अन्य सामग्री भी नहीं जुट पाई।

लियोनार्डो ने छह महीने तक संघर्ष किया और खुदाई भी करवाई। बाद में उस परियोजना को ठप्प कर दिया गया। उस समय फ्लोरेंस का समुद्र से सीधा संबंध नहीं था, इस कारण व्यापार और यातायात में बाधा आती थी। लेकिन इस मार्ग में पहाड़ियाँ व अन्य अवरोध थे। लियोनार्डो ने योजना बनाई कि फ्लोरेंस को समुद्र से जोड़ने के लिए एक बड़ी नहर बनाई जाए। बीच की पहाड़ी के बारे में उसकी योजना थी कि या तो सीढ़ीदार नहर बनाई जाए, जिसपर पानी चढ़ने व रोकने के लिए पंप व लॉक की व्यवस्था की जाए या फिर पहाड़ी के बीच सुरंग खोदी जाए और उसके माध्यम से नाव, जहाज आदि आ जाएँ।

लियोनार्डो ने अपनी योजना की बहुत वकालत की और कहा कि यदि ऐसा होता है तो नहर के किनारे रेशम की मिलें, लकड़ी कटाई की मिलें, कागज की मिलें, बरतन निर्माण के कारखाने आदि लगाए जा सकते हैं और ये सभी जल-शक्ति से चलेंगे। पर तत्कालीन शासन तंत्र को यह योजना कपोल-कल्पना ही लगी और उसे ठंडे बस्ते में डाल दिया गया।

सन् 1500 में लियोनार्डो वेनिस में था। तभी सूचना मिली कि एक विशाल तुर्की सेना शहर से मात्र 50 मील की दूरी पर इलोंजो नदी के तट पर पड़ाव डाले हुए है। नगरवासियों ने लियोनार्डो से गुहार लगाई कि वे बचाव के लिए कोई उपाय करें। वे चाहते थे कि कोई ऐसा हथियार या तंत्र रातोरात बन जाए, जिससे डरकर तुर्की सेना भाग खड़ी हो।

लियोनार्डो ने अपना मस्तिष्क दौड़ाया और एक योजना तैयार की। उसके अनुसार एक ऐसा बाँध नदी के एक ओर बनाया जाए, ताकि शेष नदी में पानी कम हो जाए और तुर्की सेना नदी पार करने की हिम्मत कर ले। पर जब वह नदी पार कर रही हो तो उस बाँध को अचानक खोल दिया जाए, ताकि तेज धार तुर्की सेना को या तो डुबो दे या बहा ले जाए। लियोनार्डो ने नगरवासियों को यह भी समझाया कि एक बार तुर्की सेना से निपटने के बाद यह बाँध आगे जल-शक्ति का एक बड़ा स्रोत होगा और विकास-कार्यों में काम आएगा। पर नगरवासियों ने उसकी एक नहीं सुनी और यह परियोजना विचारों तक ही सीमित रह गई।

लियोनार्डो बहते जल को अनेक प्रकार से निहारा करता था। वह विभिन्न परिस्थितियों में जल के व्यवहार का अवलोकन करके अन्य चीजों के बारे में भी चिंतन करता था। उदाहरण के लिए, वह जल में उठनेवाली तरंगों को ध्यान से देखता था। उसने यह भी निष्कर्ष निकाला कि शायद ध्वनि व प्रकाश भी इसी प्रकार आगे बढ़ते होंगे। उस समय के अनुसार यह एक बड़ी और अद्‍भुत बात थी।

इसी तरह एक बार उसने एक ढक्कन से ढके बरतन में पानी को उबलते हुए देखा। उसने मान लिया कि पानी जब भाप बनता है तो ज्यादा स्थान घेरता है। जो बात लियोनार्डो ने अपने जीवनकाल में सोची, उसपर अमल दो सौ वर्ष बाद थॉमस सेवरी ने किया और भाप की धक्का देनेवाली शक्ति का उपयोग करते हुए भाप का एक इंजन बनाया, जो बस कामचलाऊ था।

लियोनार्डो अकसर नदियों, तालाबों के किनारे जाकर चिंतन किया करता था। वह तरह-तरह के प्रयोग भी किया करता था। एक बार उसने तालाब में कंकड़ फेंके और देखा कि कंकड़ फेंकने पर कंकड़ गिरने के स्थान से बाहर की ओर जल-

तरंगें जाती हुई दिखाई देती हैं। पर ज्यों-ज्यों उनका प्रयोग आगे बढ़ा, यह स्पष्ट होता गया कि जल-तरंगें आगे नहीं बढ़ रही हैं, सिर्फ देखने में ऐसा लग रहा है। जल के विभिन्न पहलुओं का अध्ययन करने के बाद उसने जल में प्रयोग हो सकनेवाले उपकरणों, युक्तियों के डिजाइन बनाने आरंभ किए। उसने जल के नीचे चल सकनेवाली पनडुब्बी की भी कल्पना की और गोताखोरों के लिए ड्राइविंग सूट की भी। गोताखोर के लिए साँस लेने हेतु गियर बनाने के लिए उसने खोखले बाँसों का प्रयोग किया, जिन्हें आपस में लचीले चमड़े के जोड़ लगाकर जोड़ा गया था। चमड़े के ये जोड़ पानी के दबाव के कारण चिपक न जाएँ, इसके लिए उन्होंने जोड़ों पर धातु के स्प्रिंग भी लगाए थे।

गियर का जो दूसरा किनारा था, उसके बाँस को उसने बाहर नदी की सतह पर बह रहे एक फ्लोट से जोड़ा, ताकि गोताखोर को हवा मिलती रहे। साथ ही गोताखोर के लिए एक मास्क तैयार किया, जिसमें देखने के लिए मोटे व मजबूत लेंस भी लगे थे। गोताखोर को पानी में नीचे जाने और फिर ऊपर आने के लिए युक्तियों की आवश्यकता होती है। लियोनार्डो ने बड़ी कुशलता से इन्हें तैयार किया। उसने गोताखोर के लिए रेत के भरे झोले तैयार किए, जिन्हें वह कमर में बाँध सकता था और इसके भार से उसे पानी में नीचे जाने में आसानी होती थी।

इसके अलावा लियोनार्डो ने गोताखोर के लिए एक चमड़े का थैला बनाया, जिसे दो प्रकार से उपयोग किया जा सकता था। नीचे जाते समय उसमें हवा नहीं होती थी। यदि ऊपर आना हो तो उसमें हवा भरकर फुला दिया जाता था। इस प्रकार ऊपर आसानी से आया जा सकता था।

गोताखोर के लिए तैयार इस पूरे तामझाम में एक मोटी मजबूत रस्सी भी थी, जिसकी सहायता से गोताखोर को ऊपर खींचा जा सकता था। हाथों व पैरों के लिए दस्ताने व मोजे भी ऐसे थे जैसे मेढक के पंजे जुड़े होते हैं। वेबनुमा पंजों की सहायता से पानी में गति करना सरल होता है। एक विशेष प्रकार का चाकू भी तैयार किया गया था, जिसका उपयोग गोताखोर अनेक प्रकार से कर सकता था, जैसे—यदि वह मछली पकड़नेवाले जाल में फँस जाए तो जाल काटने के लिए इसका उपयोग कर सकता था। अन्य छोटे-बड़े सामानों, जैसे चमड़े की बोतल आदि के अलावा एक भोंपू भी तैयार किया था, जिसका उपयोग पानी के नीचे किया जा सकता था कि अब उसका काम पूरा हो चुका है, उसे ऊपर खींच लिया जाए।

देशभक्त लियोनार्डो ने गोताखोर की पोशाक इसलिए तैयार की थी कि यदि जलमार्ग से बड़ी विदेशी सेना आक्रमण करे तो ये गोताखोर पूरी तैयारी के साथ पानी

में उतरें और शत्रु सेना के जहाज की तली में एक बड़ा सा छेद कर दें। लियोनार्डो ने जहाज में छेद करने के लिए एक ड्रिल मशीन भी तैयार की थी। उस काल में पानी ले जाने के लिए प्लास्टिक या धातु के पाइप नहीं थे। तब पानी को लट्ठों के बीच छेद करके उसमें से प्रवाहित किया जाता था। इस प्रकार के लट्ठों में बीच में एक सीधी रेखा में छेद करना बड़ा ही कठिन कार्य था। लियोनार्डो ने इसके लिए भी ड्रिलिंग व्यवस्था तैयार की थी, जिसमें ड्रिल एक ही दिशा में आगे बढ़ता था। लियोनार्डो द्वारा तैयार की गई मशीन कुछ हद तक आधुनिक लेथ मशीन से मिलती-जुलती थी, पर यह कुशलतापूर्वक कार्य करती थी।

लियोनार्डो ने फ्लोट का उपयोग करके ऐसी व्यवस्था तैयार की थी, जिससे व्यक्ति नदी पार कर ले। पर यह व्यवस्था नक्शे में ही रह गई और वह उसे आजमा नहीं पाया।

इस प्रकार लियोनार्डो की ज्यादातर जल संबंधी व्यवस्थाएँ मन में या कागजों पर ही रहीं; पर इन व्यवस्थाओं ने तत्कालीन समाज, विशेषकर राजाओं, को इतना प्रभावित किया कि उसे वहाँ के राज्य में मुख्य अभियंता का पद मिलने में देर नहीं लगी।

□

लियोनार्डो ने मिलान छोड़ा

मिलान में रहते हुए लियोनार्डो को लंबा समय बीत गया था। सन् 1499 तक यहाँ पर किए गए काम और मिले सम्मान से वह संतुष्ट भी था। काफी पैसा भी इकट्ठा हो गया था। अनेक छोटे-बड़े काम, प्रयोग, अनुसंधान आदि चल ही रहे थे। उसके कामों से प्रसन्न होकर राजा ने एक उपजाऊ जमीन का टुकड़ा भी उपहार में दिया था। लियोनार्डो उसपर मकान बनाकर हमेशा के लिए मिलान का ही हो जाना चाहता था। पर यह उसके भाग्य में नहीं था।

खबर आई कि फ्रांस का राजा लुई बारहवाँ मिलान पर आक्रमण करना चाह रहा है। इसके लिए उसने वेनिस राज्य से साँठ-गाँठ भी कर ली थी। संकट की ऐसी घड़ी में अपने राजा को छोड़कर भागने का विचार लियोनार्डो को अच्छा नहीं लगा और उसने संभावित आक्रमण की चिंता को छोड़कर अपने प्रयोग जारी रखे। वह मिलान की रानी के नहाने के लिए उपयुक्त तापमान पर गरम पानी देनेवाली मशीन तैयार करने में जुटा था। उसने तय किया कि रानी के लिए तीन भाग गरम पानी और एक भाग ठंडा पानी मिलाकर नहाने का पानी तैयार करना उपयुक्त रहेगा। पर जून 1499 में फ्रांस ने आक्रमण कर दिया। लुई बारहवाँ और उसकी सेना आल्प्स पहाड़ को पार करके इटली आ गए। उन्होंने मिलान के पश्चिमी भागों के किलों व इलाकों पर कब्जा कर लिया।

पर राजा लुडविको डरपोक नहीं था। उसने मुकाबला करने का फैसला किया। वेनिस राज्य, जो फ्रांस के साथ मिल गया था, की सेना ने पूर्व की ओर से आक्रमण कर दिया। मिलान के सैनिक तो बहादुर थे, पर उसकी छोटी सेना ज्यादा देर तक विशाल आक्रमणकारी सेना और दोतरफा आक्रमण का मुकाबला नहीं कर पाई और अगस्त महीने तक मिलान शहर के अंदर उथल-पुथल मच गई। लुडविको ने अपनी सेना और जनता को तितर-बितर होने से बचाने की भरसक कोशिश की,

पर वह सफल नहीं हुआ। राजा के सभी सेनापति युद्ध छोड़कर भाग गए। लोगों की भीड़ इधर-उधर भागने लगी। अक्तूबर 1499 तक फ्रांसीसी सेना शहर के अंदर प्रवेश कर गई। विदेशी आक्रांता शहर को लूटने लगे और लोगों को बेरहमी से मारने लगे। लुडविको को भी जान बचाकर भागना पड़ा।

अब लियोनार्डो ने भी शहर छोड़ने का फैसला कर लिया। पर यह इतना आसान नहीं था। लियोनार्डो का सारा काम बिखरा पड़ा था। किताबें, नोटबुकें, पेंटिंगें, कलाकृतियाँ आदि भी थीं और बहुत सारा घरेलू सामान भी था। क्या ले जाएँ और क्या छोड़ें, कुछ समझ में नहीं आ रहा था। अंत में उसने बहुत सारा सामान बेचने का फैसला कर लिया। उसने यह भी तय किया कि वह अपनी अब तक की बचत राशि को फ्लोरेंस भेज देगा। उसे आगे की यात्रा के लिए भी सामान जुटाना था। पर अब सबसे बड़ा प्रश्न था कि वह जाए तो जाए कहाँ?

□

सभी जगह दुष्टों का राज

उस काल में इटली के सभी शहरों में दुष्टों का राज था। सभी जगह अन्याय, अत्याचार और अराजकता का बोलबाला था। उसके अपने शहर फ्लोरेंस में गिरोलामो सावनारोला का राज था। सन् 1452 में जनमा सावनारोला अत्यंत कट्टर था और अपने पूर्ववर्ती शासकों, मेडिची परिवार, की घोर आलोचना करता था। वह शासन कम करता था, उपदेश ज्यादा देता था। वह हँसी-खुशी और मस्ती के जीवन के सख्त खिलाफ था। वह स्पष्ट कहता था कि ईश्वर मौज-मस्ती करनेवालों को दंड देता है। उसके अनुसार लतीफे-चुटकुले शैतानों की कारस्तानी हैं।

वह युग पुनरुद्धार का काल था। लोग धर्म के कड़े बंधनों ये मुक्त होना चाहते थे। पर गिरोलामो कट्टर धार्मिक था। वह दावा करता था कि उसमें ईश्वर-प्रदत्त गुण हैं और भविष्य में क्या होगा, यह वह बता सकता है।

पर वह हमेशा निराशा भरी भविष्यवाणियाँ ही करता था। वह चेतावनी देता रहता था कि ये लोग जो पुनरुद्धार के नाम पर अनर्थ कर रहे हैं, बाद में पछताएँगे। एक दिन एक विदेशी सेना आएगी और फ्लोरेंस के लोगों को दंड देगी।

दैवयोग से अतीत में जब वह सत्ता में नहीं था तब उसकी भविष्यवाणी सच हो चुकी थी। सन् 1494 में फ्रांस के राजा चार्ल्स ने बड़ी सेना के साथ हमला किया था और सेना समेत दक्षिण की ओर आगे तक बढ़ आया था। इस अवसर का लाभ उठाते हुए फ्लोरेंस के लोगों ने मेडिची को अपदस्थ कर दिया और गणतांत्रिक स्वशासन स्थापित किया था, जिसमें गिरोलामो की भूमिका एक सलाहकार की थी। वह पवित्र धार्मिक मुद्दों पर सलाह दिया करता था।

उसने लोगों के मन में कुछ बातें जोर-शोर से बैठानी आरंभ कर दीं।

उसके अनुसार ईश्वर को लोगों का बढ़िया वस्त्र पहनना, अति स्वादिष्ट भोजन करना आदि पसंद नहीं है। यदि लोग ईश्वर का प्रिय बनना चाहते हैं तो उन्हें ज्यादा-से-ज्यादा उपवास करना चाहिए और रेशमी व भड़कीले कपड़ों के स्थान पर सादा सूती कपड़े पहनने चाहिए।

गिरोलामो के प्रवचनों से बड़ी संख्या में लोग प्रभावित हो गए थे। एक बार उसने बड़ी संख्या में फ्लोरेंसवासियों को सहमत कर लिया था कि वे अपनी कीमती वस्तुएँ गहने-जेवर, पुरानी धरोहरें, पेंटिंगें, किताबें, संगीत-वाद्य, साबुन, प्रसाधन सामग्री, दर्पण, ताश, खिलौने आदि जला दें।

सावनारोला का प्रभाव इतना था कि फ्लोरेंसवासियों ने उपर्युक्त सामग्री की बड़ी होली जलाई। ऐसा करके उन्हें लगा कि उनकी आत्मा पुनः पवित्र हो गई है।

प्रारंभ में कैथोलिक चर्च ने सावनारोला को प्रोत्साहित किया, क्योंकि वह तत्कालीन धार्मिक मान्यताओं के अनुकूल बोल रहा था, पर जल्दी ही सावनारोला अपने मार्ग पर ज्यादा ही आगे बढ़ गया और वह पोप की भी आलोचना करने लगा। उस समय के पादरियों की जीवन-शैली उच्च वर्ग जैसी थी। यह बात चर्च को पसंद नहीं आई और सावनारोला को पकड़कर बंदी बना लिया गया। इसपर भी वह टूटा नहीं और अपनी बात कहता रहा। चर्च ने जेल में उसे शारीरिक व मानसिक रूप से खूब प्रताड़ित किया; पर जब उसपर कोई असर नहीं हुआ तो उसे फाँसी पर चढ़ा दिया गया।

क्या विडंबना थी। सावनारोला विलासिता की वस्तुओं की होली जलाया करता था। फाँसी पर चढ़ाए जाने के बाद चर्च ने उसी तरह से उसके शव की होली जलवाई। पर मरने के बाद भी उसका प्रभाव मिटा नहीं। जब सन् 1500 में लियोनार्डो ने विकल्प ढूँढ़ने आरंभ किए तो उसे फ्लोरेंस की याद आई। पर जब उसने जानकारी प्राप्त की तो पता चला कि उसका धार्मिक प्रभाव अभी भी है और वहाँ के चित्रकार आदि अभी भी धार्मिक चित्र ज्यादा बनाते हैं। यह भी लगा कि जिस प्रकार का मुक्त वातावरण कलाकार को मिलना चाहिए, वह फ्लोरेंस में नहीं है।

उधर फ्रांसीसी सेना मिलान में विध्वंस मचा रही थी। फ्रांसीसी सेना ने लियोनार्डो द्वारा किया गया बहुत सारा काम नष्ट कर दिया था। लुडविको ने हार नहीं मानी थी। उसने एक वर्ष में ही अपने शहर पर पुनः कब्जा कर लिया। पर उसका कब्जा बरकरार नहीं रह पाया और फ्रांसीसी सेना फिर भारी पड़ी। उसने

मिलान पर फिर कब्जा कर लिया। इस बार बहादुर लुडविको लड़ता-लड़ता बंदी बना लिया गया। उसे फ्रांस के कारागार में डाल दिया गया और वहाँ आठ वर्षों तक बंदी रहने के बाद उसकी मृत्यु हो गई।

काफी भटकने के बाद लियोनार्डो ने पोप की शरण ली। इस समय पोप मात्र धर्मगुरु ही नहीं वरन् एक बहुत बड़े क्षेत्र का शासक भी था।

पोप के बेटे सीजोर बोर्जिया, जो सेनापति भी था, ने लियोनार्डो की प्रशंसा सुनी तो उसे अपने यहाँ सैन्य अभियंता के रूप में नियुक्त किया। उस समय सीजोर अपने पिता की सेना का इस्तेमाल करते हुए इटली के बड़े भूभाग पर कब्जा करना चाहता था। फ्लोरेंस के शासक भी उससे मिले हुए थे और वास्तव में उन्होंने ही लियोनार्डो की काफी प्रशंसा की थी। लियोनार्डो को मन-ही-मन लगा कि सीजोर बड़ा ही निर्दयी और खतरनाक व्यक्ति है। सन् 1476 में जनमे सीजोर के हजारों सैनिक मध्य इटली में जगह-जगह युद्ध कर रहे थे और कत्लेआम मचा रहे थे। शांति-प्रेमी लियोनार्डो को यह पसंद नहीं था; पर उसके पास कोई विकल्प भी नहीं था। धीरे-धीरे लियोनार्डो को सीजोर के बारे में और भी तथ्य ज्ञात हुए। वह एक धूर्त, षड्यंत्रकारी, हत्यारा, दुष्ट व धोखेबाज था, जिसकी तुलना पौराणिक युग के क्रूर राक्षस से की जा सकती है। अन्य दुष्टताओं के अलावा उसने अपने भाई को मारकर टिबर नदी में फेंकवा दिया था। उसने अपनी विवाहिता बहन समेत अन्य भाइयों को भी किनारे कर दिया था। वह धन लूटने और सत्ता पाने के लिए किसी को भी धोखा दे सकता था या उसकी जान ले सकता था।

एक बार उसके कुछ सिपाहियों ने उसके खिलाफ विद्रोह किया। वे सिपाही उस पर भारी पड़ने लगे। सीजोर ने उन्हें संदेश भेजा कि वह उनकी सारी माँगें मानने को तैयार है। उसने उन्हें एक भव्य भोज का निमंत्रण भी दिया और कहा कि भोज पर ही माँगों के संबंध में फैसला हो जाएगा। भोले-भाले सिपाही उसकी बातों में आ गए और दावत उड़ाने जब वे वहाँ आए तो अचानक उनके सिर कलम कर दिए गए। राक्षसी प्रवृत्ति के सीजोर की आदतें मनुष्यों के विपरीत थीं। वह रात भर जागता था और प्रातःकाल सोने जाता था। वह शाम को चार बजे नाश्ता करता था। उसके पास दो पालतू चीते थे, जिन्हें लेकर वह शिकार पर निकलता था।

उस समय रोम में जो समारोह होते थे वे विचित्र प्रकार के होते थे। ऐसे ही एक समारोह में, जो सेंट पीटर्स स्क्वायर में हुआ था, उसने अकेले पाँच साँड़ों

को मार डाला था। उसके इस अद्‌भुत शक्ति-प्रदर्शन से जनता अचंभित रह गई तथा पूरा स्टेडियम तालियों से गूँज उठा। सीजोर की हार्दिक इच्छा थी कि वह पूरे मध्य व दक्षिण इटली पर कब्जा करे। पर ज्यों ही सीजोर के पिता पोप अलेक्जेंडर छठे की मृत्यु हुई, सीजोर की शक्ति बड़ी तेजी से कम होती चली गई।

दुष्ट सीजोर को उसके कर्मों का दंड मिला। उसके अंतिम दिन बड़ी बदहाली में बीते। वह नाना प्रकार की लाइलाज और घिनौनी बीमारियों, जैसे कोढ़, का शिकार हो गया। एक समय में सीजोर एक सुंदर चेहरे व बलिष्ठ, सुगठित शरीर का स्वामी था। पर जब उसे तरह-तरह के रोग हो गए तो उसका चेहरा इस कदर बदसूरत हो गया था कि वह अपने चेहरे पर काला नकाब लगाकर रखता था। अपने अंतिम दिनों में वह रात को अकेला ही घूमने निकलता था और उससे बात करना तो दूर, उसे कोई देखता भी नहीं था।

पर लोग इस बात पर भी आश्चर्य करते कि अद्‌भुत शांति-प्रेमी लियोनार्डो की मित्रता इन खून के प्यासे लोगों से कैसे हो जाती है। प्रकृति-प्रेमी लियोनार्डो लगातार युद्धों की निंदा करता था। वह युद्ध-प्रेमियों व युद्ध के लिए उकसानेवालों को धिक्कारता भी था। वह अकसर कहता था—युद्ध करने के लिए जानेवाले ये लोग जंगली जानवरों से कम नहीं हैं। ये लोग युद्ध में विनाश करनेवाली सामग्री ले जाते हैं। ये सब या तो भारी विनाश करके लौटते हैं या खुद ही नष्ट हो जाते हैं।

शायद इस पहेली का हल यह है कि लियोनार्डो एक बहुमुखी प्रतिभावान् व्यक्ति था। वह आकर्षक पेंटिंग बनता था और मानवोपयोगी श्रम बचानेवाले तथा मानव जीवन को सुखद व आरामदायक बनानेवाले उपकरण आदि बनाता था। पर तत्कालीन परिवेश में उनका ज्यादातर उपयोग उसी प्रकार हुआ जैसे शांति-प्रेमी व सैद्धांतिक भौतिकी के विख्यात वैज्ञानिक अल्बर्ट आइंस्टाइन का उपयोग परमाणु बम बनाने में हुआ। सत्ता के भूखे लुडविको सोर्जा तथा सीजोर बोर्जिया को उनके चमत्कारी मस्तिष्क की क्षमता का आभास था। उसने लियोनार्डो को विनाशकारी हथियारों के निर्माण के लिए प्रेरित किया।

वह युग भी हर दृष्टि से परिवर्तन का युग था। विजय के लिए उन्मादित सेनापति और राजा परंपरागत हथियारों, जैसे—तलवार, धनुष-बाण, भालों, फरसों से संतुष्ट नहीं थे। वे जीत के आड़े आनेवाली हर चीज, जैसे किलों आदि का तत्काल नामोनिशान मिटा देना चाहते थे। यही कारण था कि अनेक लोग ऐसी तोपें बनाने की कोशिश कर रहे थे जिनके गोले तरबूज के आकार के हों और वे

किले के दरवाजे या दीवार को जल्दी व आसानी से ध्वस्त कर दें, साथ ही सैनिकों के झुंड को एक साथ एक बार में ही मार गिराएँ।

लियोनार्डो को लगा कि इस तरह तो जल्दी ही मानवता नष्ट हो जाएगी। उसने एक ऐसा उपकरण बनाया जिसकी बचाव क्षमता ज्यादा थी और मारक क्षमता भी कम न थी। यह युक्ति आधुनिक टैंक से मिलती-जुलती थी। बख्तरबंद युक्ति वास्तव में एक धातु की मजबूत चादर से बना तंबूनुमा रथ था। आधुनिक चिंतक इसे दुनिया का पहला टैंक मानते हैं; पर लियोनार्डो इसे एक सुरक्षित रथ मानता था, जिसे आसानी से नष्ट नहीं किया जा सकता था।

इसके निर्माण में लियोनार्डो की अद्‌भुत सोच का कुशल प्रदर्शन हुआ था।

□

टैंक एवं अन्य विनाशकारी हथियार

उस समय के रथों को घोड़े खींचा करते थे, पर लियोनार्डो के इस बख्तरबंद रथ (टैंक) को घोड़े नहीं, आदमी खींचते थे। तंबू के आकार का धातु का बना यह रथ पहियों पर चलता था और पहिए को शक्ति क्रैंक से मिलती थी। इस क्रैंक को मनुष्य घुमाते थे।

इस प्रकार का बख्तरबंद टैंक जब युद्ध के मैदान में उतरा होगा तो शत्रु सेना की कैसी दशा हुई होगी, इसकी मात्र कल्पना ही की जा सकती है। इसके अंदर के सैनिक दुश्मन पर गोलाबारी कर रहे होंगे और दुश्मन के गोलों का इसपर प्रभाव नहीं पड़ रहा होगा। यह टैंक चारों तरफ गोलाबारी कर सकता था, क्योंकि इसमें अंदर से गोलाबारी करने के लिए विशेष रूप से छेद बनाए गए थे।

विचारणीय बिंदु यह है कि लियोनार्डो ने इसे खींचने या आगे बढ़ाने के लिए घोड़ों का उपयोग क्यों नहीं किया? निश्चय ही उसने प्रयोग के दौरान देखा होगा कि अंदर बंद जगह में यदि घोड़ा लगाया जाएगा तो वह बिदकेगा। इसके अलावा युद्ध में शोर भी बहुत होता है। यदि घोड़ा बंद जगह में शोर झेलेगा तो भड़क उठेगा। यदि एक से अधिक घोड़े लगाए जाएँगे तो वे आपस में भी उलझ सकते हैं। लियोनार्डो ने उस समय उपलब्ध यांत्रिक अभियांत्रिकी का उपयोग करते हुए अद्भुत रथ तैयार किए थे, जिनमें एक ही घोड़ा व सवार जोता जाता था। पर उसमें पहियों की गति से आगे चार हँसिएवाले चक्र को चलाने की व्यवस्था थी। इस चक्र के हँसियों में आरंभ में पक्षियों के टूटे पंख लगाए जाते थे और उन्हें रबर बैंडों से बाँध दिया जाता था। इससे आरंभ में शत्रु सेना को भ्रम होता था और वे लड़ना छोड़कर कौतूहलवश इसे देखने लगते थे। पर जल्दी ही पक्षियों के पंख अलग हो जाते थे और तेज धारवाले हँसिए मार-काट मचाने लगते थे। विपक्षी सेना को इससे बचने के लिए गोलाकार दिशा में भागना होता था। युद्ध के दौरान इस मार-काट मचानेवाले रथ को

बड़ी सावधानी से प्रयोग किया जाता था, ताकि अपना कोई सैनिक इसकी चपेट में न आ जाए। इसके लिए इसमें विशेष प्रकार का भोंपू भी होता था, जो अपने सैनिकों को सावधान करता था।

विकराल धनुष-बाण—प्राचीन काल से ही युद्धों में धनुष-बाणों का उपयोग होता रहा है। बंदूकों व तोपों के आगमन के पश्चात् युद्ध में धनुष-बाणों का उपयोग कम होने लगा था। लियोनार्डो ने प्राचीन व तत्कालीन तकनीकों का उपयोग करते हुए एक विशाल धनुष बनाया था। इसकी डोरी को खींचने के लिए यांत्रिक युक्ति का उपयोग किया जाता था और इसे लीवर की सहायता से छोड़ा जाता था। जिस गाड़ी में इसे लादा जाता था, उसमें छह पहिए होते थे। पर इससे निकला भारी बाण विनाश कम करता था और डराता ज्यादा था। यही नहीं, जब उस भीमकाय धनुष से बाण छोड़ा जाता था तो पूरी गाड़ी उलटने की स्थिति में आ जाती थी। पता नहीं लियोनार्डो को इसका कारण मालूम था या नहीं, क्योंकि बहुत बाद में न्यूटन ने गति के अपने तीसरे नियम के अंतर्गत इसकी व्याख्या की थी।

मल्टी बैरल मशीनगन—अपने कैरियर के प्रारंभ में ही लियोनार्डो ने इस मशीनगन की डिजाइन तैयार कर ली थी। सन् 1480 से 1482 के बीच तैयार इस डिजाइन में 33 छोटी-छोटी बंदूकों को तीन पंक्तियों में इस प्रकार लगाया गया था कि हर पंक्ति में 11 बंदूकें थीं। ये सभी बंदूकें एक साथ दागी जाती थीं। चूँकि इन बंदूकों की नालें एक साथ रखने पर इस तरह दिखती थीं मानो बिकने के लिए बाँसुरियों का ढेर रखा हो, लियोनार्डो इस मल्टी बैरल मशीनगन को 'बैरल्ड ऑर्गन' कहता था।

सुरंग खोदने का पता लगाना—उन दिनों षड्यंत्रकारी अंदर-ही-अंदर सुरंग खोदकर किले के अंदर प्रवेश करने का प्रयास करते थे। ऐसे प्रयासों का परदाफाश करके तदनुसार आगे काररवाई करने की आवश्यकता होती है। इस प्रयास के अंतर्गत लियोनार्डो ने एक युक्ति तैयार की थी। वह संभावित स्थल पर एक ऐसा ड्रम रख देता था, जिसकी ऊपर की सतह अत्यंत पतली होती थी। उसके ऊपर वह पासे (गुटके) रख देता था। ज्यों ही उन पासों में हलचल होती थी और वे उछलने लगते थे, यह पता चल जाता था कि उस जगह पर जमीन के नीचे खुदाई चल रही है। वे हलके पासे अंदर चल रही गतिविधियों से उत्पन्न कंपन के प्रति प्रतिक्रिया व्यक्त करते थे।

तीन भालोंवाले घुड़सवार—परंपरागत घुड़सवार अपने एक ही हाथ में भाला रखते थे तथा दूसरे हाथ में घोड़े की लगाम पकड़ते थे और कभी-कभी ढाल

भी पकड़ते थे। इस प्रकार वे एक बार में एक ही शत्रु सैनिक से मुकाबला कर पाते थे। लियोनार्डो ने इसके अतिरिक्त दो और भाले कुशलतापूर्वक घोड़े की जीन से बाँध दिए थे। इस प्रकार घुड़सवार जब चलता था तो तीन भाले समानांतर चलते थे। इससे शत्रु सेना पर काफी मनोवैज्ञानिक दबाव पड़ता था। तीन भालोंवाला घुड़सवार दुश्मन की पैदल सेना को आसानी से तितर-बितर कर देता था।

किले की रक्षा के लिए—मध्य युग में तथा पुनरुद्धार युग में किले की रक्षा हमेशा से एक समस्या ही बनी रहती थी। बड़ी-बड़ी सेनाएँ तो आक्रमण करती ही थीं, छोटे-मोटे लुटेरे भी नजर बचाकर सीढ़ियों के जरिए किले की दीवार फाँदने के प्रयास में रहते थे। किलेदारों के लिए पर्याप्त संख्या में दीवारों पर हर समय सैनिक तैनात करना तथा पूरी चौकसी बरतना कठिन कार्य होता था। इस समस्या से निपटने के लिए लियोनार्डो ने एक ऐसा उपकरण तैयार किया था जो एक सैनिक द्वारा ही चलाया जाता था तथा एक साथ ही पाँच-पाँच सीढ़ियों को धक्का दे देता था, और इस प्रकार सीढ़ी चढ़कर दीवार फाँदने का प्रयास करनेवाले जान से हाथ धो बैठते थे।

तलवार छीननेवाली ढाल—लियोनार्डो ने एक अद्‌भुत ढाल भी बनाई थी, जो न केवल आक्रमणकारी से रक्षा करती थी वरन् ज्यों ही ढाल पर तलवार का आक्रमण होता था, ढाल में से एक छोटा दरवाजा खुलता था और एक यांत्रिक हाथ (रोबोट जैसा) निकलता था, वह आक्रमणकारी की तलवार छीन लेता था। बेचारा आक्रमणकारी भौंचक्का रह जाता था।

लियोनार्डो ने उपर्युक्त हथियार, युक्तियाँ, उपकरण आदि सब अपनी इच्छा से नहीं बनाए थे। उसे और भी ऐसे युद्धक उपकरण बनाने पड़ते, पर जल्दी ही सीजोर के पिता का देहांत हो गया और नए पोप के आते ही वे सभी लोग उसके पीछे पड़ गए जो अभी तक सताए जा रहे थे। लियोनार्डो तो पीछा छुड़ाने की फिराक में था ही। ज्यों ही सीजोर स्पेन की ओर भागा, लियोनार्डो लौटकर अपने देश फ्लोरेंस आ गया।

□

मैकियावेली से मेल

लियोनार्डो को जब भी समय मिलता था तो वे सैद्धांतिक विषय पर चिंतन प्रारंभ कर देते थे। अकसर वे देखते कि युद्ध में जब तोप का गोला फटता है तो चमक पहले दिखाई देती है और आवाज बाद में आ पाती है। उन्होंने निष्कर्ष निकाला कि प्रकाश की गति ज्यादा है और ध्वनि की कम है। पर लियोनार्डो को ऐसे अवसर कम ही मिल पाते थे। उसके दुष्ट, सत्ता के भूखे नियोक्ता उसे किसी-न-किसी सैन्य अभियान में लगा देते थे। पर फिर भी लियोनार्डो उसमें भी रचनात्मक व उपयोगी कार्य कर लेता था।

एक बार सीजोर को चिंता हुई कि उसकी संपदा कहाँ-कहाँ पर है और उसकी रक्षा के लिए कहाँ-कहाँ और कैसी व्यवस्थाएँ हैं। इस महत्त्वपूर्ण कार्य के आकलन के लिए उसने लियोनार्डो को नियुक्त किया और यह अधिकार दिया कि वह कहीं पर भी किसी भी किले में जा सकता है तथा किसी भी गोपनीय दरवाजे या सुरंग का निरीक्षण कर सकता है। साथ ही यह निर्देश भी दिया कि आवश्यकता पड़ने पर किसी से भी अधिकारपूर्वक सेवाएँ या सहायता ले सकता है।

लियोनार्डो ने इस अवसर का उपयोग करते हुए न केवल कमजोर सुरक्षा स्थलों तथा उन्हें सशक्त करने के उपायों की सूची बनाई वरन् पूरे मध्य इटली का अच्छा-खासा नक्शा बना डाला।

इसी क्रम में लियोनार्डो की निकोलो मैकियावेली से मित्रता हो गई। सन् 1469 में जनमे निकोलो मैकियावेली को उस समय का अत्यंत शरारती व दुष्ट व्यक्ति माना जाता था। मैकियावेली उस समय फ्लोरेंस में एक वरिष्ठ अधिकारी था और फ्लोरेंस में उस समय मेडिची का शासन नहीं था। मैकियावेली इतना धूर्त व षड्यंत्रकारी था कि आज तक लोग किसी षड्यंत्रकारी का उदाहरण देने के लिए निकोलो मैकियावेली का नाम लेते हैं।

जिन दिनों सीजोर बोर्जिया अपनी दुष्टता के चरम पर था, उन्हीं दिनों निकोली समय निकालकर एक पुस्तक लिख रहा था, जिसका शीर्षक था—'राजकुमार'। वह पुस्तक सीजोर के जीवन पर ही आधारित थी और यह दरशाती थी कि मैकियावेली किस स्तर तक सीजोर से प्रभावित था। इस पुस्तक में निकोली ने सुझाव दिए कि शासकों को खुले दिलवाला नहीं होना चाहिए। उन्हें अनिवार्य रूप से बेईमान, कट्टर व क्रूर होना चाहिए। उन्हें अत्यंत सख्ती से पेश आना चाहिए और अपनी सृजनात्मक क्षमता का भरपूर उपयोग करते हुए विपक्षी को प्रताड़ित करना चाहिए।

मैकियावेली ने सिद्ध किया कि यदि शासक उपर्युक्त गुणों से संपन्न होगा तो एक खुशहाल व स्थिर समाज का निर्माण होगा।

इस पुस्तक ने मैकियावेली को अमर बना दिया। दुनिया भर के गुंडों, ठगों ने इसे समय-समय पर पढ़ा और लेखक की भूरि-भूरि प्रशंसा की। यही नहीं, कई शताब्दियों बाद जनमे फ्रांस के शासक नेपोलियन बोनापार्ट ने भी इसे बड़ी रुचि से पढ़ा और घोषणा भी की कि यही एक पुस्तक है, जो कि पढ़ने योग्य है। मैकियावेली ने लियोनार्डो को कितना प्रभावित किया, यह कहा नहीं जा सकता है।

□

माइकेल एंजेलो से प्रतिस्पर्धा

सीजोर के भागने के बाद लियोनार्डो सोचने लगा कि अब कहाँ जाऊँ? सन् 1503 में फ्लोरेंस को पीसा के साथ फिर से युद्ध करना पड़ रहा था। लियोनार्डो को लगा कि अब फ्लोरेंस लौटा जाए। शायद अब वहाँ हालात बदल गए होंगे।

हालात सचमुच बदल गए थे। जब लियोनार्डो मिलान व इटली के अन्य भागों में काम कर रहा था तो फ्लोरेंस के वे कलाकार, जो सन् 1470 के दशक में लियोनार्डो के घुटनों के बराबर अर्थात् बच्चे थे या पेंसिल चमकाने का काम करते थे, अब तक पूर्ण कलाकार बन चुके थे। वे अब इतने परिपक्व हो चुके थे कि इक्यावन वर्षीय लियोनार्डो, जिसके बाल व दाढ़ी सफेद हो चुके थे, से प्रतिस्पर्धा करने को तैयार थे।

इनमें से एक था माइकेल एंजेलो बोनारोटी, जिसका जन्म सन् 1475 में हुआ था। इतिहास में दर्ज इस कलाकार ने भी फ्लोरेंस में ही एक स्टूडियो में प्रशिक्षण पाया था। जब माइकेल एंजेलो बहुत छोटा था तभी लोरेंजो डी मेडिची ने उसकी प्रतिभा को पहचान लिया और अपने घर पर रहने तथा काम करने की सुविधा उसे दी।

समय के साथ माइकेल एंजेलो भी लियोनार्डो के समकक्ष मूर्तिकार, वास्तुविद्, फ्रेस्को पेंटर तथा कवि बना। वह रोम भी गया, जहाँ पर पोप जूलियस द्वितीय ने उसे अनेक महत्त्वाकांक्षी परियोजनाओं के काम पर लगाया, जैसे मकबरे की डिजाइन तैयार करना, संगमरमर की बनी एक गुलाम की मूर्ति तैयार करना, जो कि पालथी मारकर बैठा हो।

दिलचस्प बात यह थी कि माइकेल एंजेलो एक छोटे कद का कमजोर व ढीला-ढाला व्यक्ति था; पर वह जो मूर्तियाँ तैयार करता था वे सब ऊँची, हृष्ट-पुष्ट,

सुंदर और बलिष्ठ व्यक्तियों की होती थीं। वह ज्यादातर बाइबिल के पात्रों की मूर्तियाँ बनाता था।

अन्य विशेष बात यह थी कि माइकेल एंजेलो एक झगड़ालू व्यक्ति भी था। वह तुनकमिजाज था और बात-बात पर झगड़ा कर बैठता था। एक बार उसने अपने साथी मूर्तिकार से झगड़ा किया और झगड़े के दौरान उसकी नाक पर जब जोर का घूँसा पड़ा तो नाक हमेशा के लिए चपटी हो गई।

पर वह अत्यंत एकाग्रचित्त और परिश्रमी व्यक्ति था। वह अपने काम के प्रति इतना समर्पित था कि काम करते-करते स्टूडियो में ही सो जाता था। जब भी भूख लगती तो ब्रेड खाकर गुजारा करता और कभी-कभार एक-आध जग शराब अपने साथ लाता था, जिसे वह पीता रहता था।

उसे काम से इतनी फुरसत भी नहीं मिलती थी कि वह हाथ-मुँह धो ले। वह कभी-कभार ही अपने जूते उतारता था। उसके जूते कुत्ते के चमड़े से बने होते थे और उनको न उतारने का कारण कभी किसी की समझ में नहीं आया।

परंतु वह गजब का कलाकार था। उसकी कलाकृतियाँ एक से बढ़कर एक थीं। उनमें से एक तो डेविड की विशाल मूर्ति थी, जो एक गड़रिये का बच्चा था। यह मूर्ति उसने संगमरमर की एक बड़ी चट्टान से तैयार की थी। यह इतना बड़ा काम था कि अन्य कलाकार इस स्तर के काम के बारे में सोच भी नहीं सकते थे।

माइकेल एंजेलो की तमाम पेंटिंगें विश्व भर में लोकप्रिय हैं। उसने रोम में सिस्टीन चैपल की छत पर अनेक पेंटिंगें तैयार की थीं। उन पेंटिंगों में न सिर्फ बाइबिल की उत्पत्ति की कहानियाँ दरशाई गई हैं, बल्कि उनमें विश्व की उत्पत्ति को भी चित्रों द्वारा अंकित किया गया है। यह बृहत् छत छह फुटबॉल मैदानों के बराबर थी। अब माइकेल एंजेलो अपने काम की गुणवत्ता के प्रति इस कदर समर्पित था कि उपर्युक्त कार्य के लिए जब उसे लगा कि उसके छह-के-छह सहायक योग्य नहीं हैं तो उसने सभी को हटा दिया। उसे इस काम को पूरा करने में चार वर्ष लग गए और इस लंबी अवधि में वह लगातार स्कैफोल्डिंग पर खड़ा रहा तथा फ्रेस्को तकनीक का प्रयोग करते हुए गीले प्लास्टर पर पेंट करता रहा।

लियोनार्डो और माइकेल एंजेलो में लंबी प्रतिस्पर्धा चलती रही। लियोनार्डो ने कई बड़े प्रतिष्ठित कामों को लेना चाहा, पर वे उनके हाथ से निकलकर माइकेल एंजेलो के हाथ में चले गए और लियोनार्डो को हाथ मलना पड़ा। कई बार इस युवा प्रतिस्पर्धी के खिलाफ लियोनार्डो के मन में ईर्ष्या भी पनपती थी।

बहुमुखी प्रतिभावाले लियोनार्डो को मूर्तिकला की अपेक्षा पेंटिंग बेहतर

लगती थी। उन्होंने मूर्तिकला व चित्रकला के बीच अंतरों के बारे में चिंतन किया। उनके अनुसार मूर्तियों का जीवन अपेक्षाकृत कम होता है, हालाँकि संगमरमर का जीवन या काँसे का जीवन काफी लंबा होता है। मूर्तिकला का अपना महत्त्व है, पर इसको करने में तमाम समस्याएँ भी आती हैं। इसमें चिंतन की कम, शारीरिक श्रम की आवश्यकता अधिक होती है। मूर्ति बनाने के दौरान मूर्तिकार न सिर्फ थकता है वरन् उसका शरीर भी बुरी तरह गंदा हो जाता है। उसके शरीर से पसीना बहता रहता है और ऊपर से मूर्ति-निर्माण के दौरान उड़नेवाला चूरा उसके शरीर पर पड़ता रहता है।

कई बार लियोनार्डो मजाक में कह बैठता कि मूर्तिकार तो ब्रेड बनानेवाले की भाँति लगता है, जिसके शरीर पर जगह-जगह आटा चिपका होता है। इसके अलावा उसका घर भी गंदा हो जाता है और जगह-जगह पत्थर या धातु की चिपें बिखरी मिलती हैं।

दूसरी ओर पेंटिंग के बारे में उनका मानना था कि यह मानसिक कार्य होता है। आप इसको बेहतरीन कपड़े पहनकर आराम से बैठकर भी कर सकते हैं। छेनी-हथौड़ी की तुलना में पेंट-ब्रश आदि बहुत हलके होते हैं। कलाकार उन्हें बड़े प्रेम से प्यारे-प्यारे पसंदीदा रंगों में डुबोता है और अपने काम को आगे बढ़ाता है।

लियोनार्डो के अनुसार, पेंटर चाहे तो एक साफ-सुथरे मकान में आराम से रह सकता है। काम करते समय उसकी पत्नी या अन्य कोई प्रिय मधुर संगीत भी बजा सकता है। ऐसा संगीत न सिर्फ चित्रकार को सुख देता है वरन् काम की गुणवत्ता भी बढ़ाता है।

अन्य कलाओं के बारे में भी लियोनार्डो के स्पष्ट विचार थे। वह काम के बाद अपने मित्रों, विशेष रूप से कलाकार मित्रों, के साथ घूमता-फिरता, उठता-बैठता था। एक बार लियोनार्डो व उसके कलाकार मित्र फ्लोरेंस के एक खूबसूरत बाजार में टहल रहे थे। वहीं पर बेंच पर कुछ लोग बैठे हुए थे। उन्होंने लियोनार्डो को देखकर पुकारा और अभिवादन किया। उन्होंने लियोनार्डो से किसी काव्यकृति के बारे में विचार माँगे। इससे पहले कि विचार खुलते, किसी व्यक्ति के तेजी से दौड़कर आने की आहट हुई। पास में आने पर पता चला कि यह तो माइकेल एंजेलो है। कुछ सोचकर लियोनार्डो ने कहा कि वह माइकेल एंजेलो आ रहा है। वह आपको काव्य के बारे में अच्छी तरह से बतलाएगा।

पर माइकेल एंजेलो, जो हाँफते हुए पास तक आ पहुँचा था, को लगा कि

लियोनार्डो उसका मजाक बना रहा है। उसने आव देखा न ताव और लियोनार्डो को सुनाने लगा—

'तुम अपने आपको बड़े मस्तिष्कवाला कलाकार कहते हो। तुम वही हो न जिसने मिट्टी का बड़ा मॉडल घोड़ा बनाया था और उसमें काँसा तक नहीं भर सके। तुम्हारे निकम्मेपन के कारण वह मॉडल कीड़े-मकोड़ों द्वारा चट कर लिया गया।'

अकारण अपने अपमान पर लियोनार्डो को गुस्सा आया। वह गुलाबी वस्त्र तो पहनता ही था, उसका चेहरा भी क्रोध से गुलाबी हो गया। इससे पहले कि लियोनार्डो कोई जवाब देता, माइकेल एंजेलो अपनी बाँहें चढ़ाने लगा, मानो कुश्ती लड़ना चाहता हो।

पर लियोनार्डो को लगा कि एंजेलो उसके सामने हर मामले में छोटा व बच्चा है। लंबे-चौड़े लियोनार्डो ने बात आगे नहीं बढ़ाई और खिसियाता हुआ एंजेलो वहाँ से चलता बना।

इस घटना की खबर पूरे फ्लोरेंस में फैल गई। उस समय के वातावरण में लियोनार्डो की सदाशयता व उदारता की प्रशंसा तो कम हुई, लोगों ने झगड़े का आनंद अधिक लिया।

यही नहीं, निकोलो मैकियावेली व फ्लोरेंस के अन्य प्रभावशाली लोगों ने कलाकारों की उस प्रतिद्वंद्विता की आग में घी डालने का काम किया। इसे दुश्मनी में बदलने के लिए और फिर उसका आनंद लेने के लिए उन्होंने एक खुला मुकाबला उसी प्रकार आयोजित कराया जैसे कि आजकल विश्व स्तर के हैवीवेट मुक्केबाजों का खुला इनामी मुकाबला आयोजित किया जाता है।

□

कालजयी रचना–युद्ध का मैदान

उस काल में युद्ध एक प्रमुख गतिविधि हुआ करती थी। योद्धाओं के लिए युद्ध जानलेवा होता है; पर उसे देखनेवालों, उसकी चर्चा करनेवालों, उसपर कविता-कहानी लिखनेवालों, उसके चित्र आदि बनानेवालों के लिए युद्ध एक अति रोमांचकारी घटना होती है।

युद्ध के द्वारा ही सत्ता प्राप्त की जाती थी। अत: सत्ता में बैठे लोग हमेशा युद्ध के लिए तैयार रहते थे। वे चाहते थे कि जनता, जिसमें युवा वर्ग युद्ध में अहम भूमिका निभाता है, हमेशा युद्ध के लिए तैयार रहे और इसके लिए हमेशा कोई-न-कोई शगूफा छोड़ते रहते थे।

जब लियोनार्डो और माइकेल एंजेलो की प्रतिस्पर्धा प्रतिद्वंद्विता के स्तर पर पहुँची तो फ्लोरेंस के सत्ताधीशों ने सोचा कि क्यों न इसका लाभ उठाते हुए इन महान् कलाकारों से एक कालजयी रचना तैयार करवाई जाए और युद्ध के मैदान की एक ऐसी तसवीर बनवाई जाए, जिससे लोगों में जोश बढ़े।

इस काम के लिए ग्रांड काउंसिल चैंबर की अंदरूनी दीवारों का चयन किया गया। निकोलो मैकियावेली ने दोनों महान् कलाकारों लियोनार्डो द विंची और माइकेल एंजेलो का नाम प्रस्तावित किया, जिसे सर्वसम्मति से स्वीकार कर लिया गया।

लियोनार्डो से कहा गया कि वह अँगियारी के युद्ध की तसवीर दीवार पर तैयार करे, जो कि 'म्यूरल' कहलाती है। इस प्रसिद्ध युद्ध में फ्लोरेंस की सेना ने मिलान की बड़ी सेना को परास्त किया था।

उधर माइकेल एंजेलो से कहा गया कि वह कैस्कीना के युद्ध की तसवीर बनाए। इस युद्ध में फ्लोरेंस की सेना ने पीसा की सेना को परास्त किया था। पीसा के सैनिक परास्त होकर नदी की ओर भागे; उनमें से कुछ तो जान बचाने के चक्कर

में नदी में डूब भी गए।

शांतिप्रिय, युद्ध-विरोधी लियोनार्डो के लिए यह एक बहुत बड़ी चुनौती थी। फ्लोरेंस के लोग जीते हुए युद्ध की ऐसी यादगार बनवाना चाहते थे, जिससे आनेवाली पीढ़ी रोमांचित होती रहे और अपने आपको गौरवान्वित समझे। उनके उद्देश्य को भाँपते हुए लियोनार्डो ने चुनौती को स्वीकार कर लिया और पहले चरण में उस युद्ध के एक सैन्य अधिकारी से उसने युद्ध का पूरा ब्योरा सुना।

उक्त सैनिक अधिकारी ने खूब बढ़ा-चढ़ाकर ब्योरा दिया और बताया कि दोनों ओर से बड़ी संख्या में सैनिक लड़ रहे थे और बड़ी संख्या में हताहत हुए थे। फ्लोरेंस की सेना की वीरता के कारण नदी का पुल बचा रहा। ब्योरा देनेवाले ने यह भी बताया कि युद्ध के दौरान बादलों के बीच सेंट पीटर्स भी दिखाई दिए थे।

ब्योरा सुनने के बाद लियोनार्डो को लगा कि इसमें ज्यादा अतिशयोक्तियाँ हैं। उसने युद्ध में भाग लेनेवाले एक अन्य अधिकारी से पूछताछ की तो पता चला कि इस युद्ध में मात्र एक सिपाही मारा गया था—और वह भी अपनी गलती के कारण, क्योंकि वह ढीला-ढाला था। वह अपने घोड़े से असावधानी के कारण गिर गया था।

काफी सोचने के बाद और प्रस्तावित कार्य के पक्ष-विपक्ष में चिंतन करने के पश्चात् लियोनार्डो ने एक विशाल, वीभत्स तथा जीवंत युद्ध का चित्र तैयार करने का निर्णय लिया। युद्ध की कल्पना के दौरान उसने पहले वे तथ्य सूत्रबद्ध किए, जो आम तौर पर युद्ध में होते हैं। ये थे—

1. युद्ध में तोप के गोलों से निकला धुआँ और घोड़ों के चलने से उड़नेवाली धूल का ऐसा मिश्रण उत्पन्न हो जाता है जिससे बहुत कम दिखाई देता है।
2. तलवार भाँजने, तलवारों के टकराने, घोड़ों के हिनहिनाने, सैनिकों के नारे लगाने, घायल होने पर कराहने की इतनी आवाजें आती हैं कि बहुत कम सुनाई पड़ता है।
3. आक्रमणकारी सैनिक गुस्से व थकान के कारण लाल चेहरेवाले दिखाई देते हैं।
4. घायल होकर गिरनेवाले सैनिक के शरीर से लाल रक्त बहता दिखाई देता है।
5. चारों ओर तीर, भाले आदि हवा में चलते और लहराते दिखते हैं।
6. घायल घोड़े तेजी से भागते हैं। उनपर बैठा सवार भी अकसर लुढ़क

जाता है। न घोड़े को सवार की परवाह होती है और न सवार को घोड़े की चिंता।

7. कई बार घोड़ा अपने रास्ते में पड़े मरे-अधमरे सैनिकों को लाँघता-रौंदता जाता है।
8. जो सैनिक हावी होता है वह जोश में होता है। जो पिट जाता है और कुछ नहीं कर पाता है वह दाँत पीसता दिखाई देता है।
9. जब तक हथियार हाथ में होते हैं, सैनिक उसका उपयोग करते हुए तरह-तरह से लड़ते हैं। जब हथियार टूट जाते हैं या छूट जाते हैं तो वे गुत्थमगुत्था होकर लड़ते हैं और नाखूनों, दाँतों एवं घूँसों का प्रयोग करते हैं।
10. कुछ सैनिक आक्रामक युद्ध लड़ते हैं और मरने या जीतने से पहले मारते हुए दिखाई देते हैं; जबकि ज्यादातर बचाव की मुद्रा में दिखाई देते हैं और छिपते फिरते हैं।
11. चारों ओर या तो लाशें व हथियार दिखते हैं या रक्त से लाल रंगी धरती।

उपर्युक्त सूत्रों के स्केच बनाने में लियोनार्डो को लगभग दो वर्ष लग गए। इस बीच लियोनार्डो ने मनुष्य के विभिन्न भावों व स्थितियों का बारीकी से अध्ययन किया और इस क्रम में बहुत ज्यादा समय सांता मारिया नुओवा अस्पताल में बिताया। लोग समझते थे कि लियोनार्डो को कोई बीमारी है, पर वह वहाँ पर शरीर-रचनाशास्त्र का इस दृष्टि से अध्ययन कर रहा था, ताकि युद्ध लड़नेवालों के शरीर के विभिन्न भागों का जीवंत चित्रण कर सके।

अपने अध्ययन के पूर्ण होने के पश्चात् लियोनार्डो ने युद्ध के चित्र के विभिन्न भागों के स्केच कागजों पर तैयार किए और 6 जून, 1505 को उनका इरादा बना कि अब दीवार पर वास्तविक चित्र तैयार करने का कार्य प्रारंभ किया जाए।

कालजयी रचना 'युद्ध का मैदान' तैयार करने के लिए उसने स्कैफोल्डिंग तैयार करवाई। इसके बाद उसने स्वयं दीवारों पर पेंट किया और अपने सहायकों की मदद से दीवारों को चिकना किया।

पर दुर्भाग्य ने हमेशा की तरह उसका पीछा नहीं छोड़ा। ज्यों ही उसने पेंट का पहला ब्रश चलाया, आसमान में बादल घुमड़ने लगे। अँधेरा छा गया। मूसलधार बारिश हुई और हर जगह पानी-ही-पानी भर गया। दीवार क्या, हर चीज गीली हो गई थी। जिन कागजों पर कच्चे स्केच बनाए थे वे भी आपस में चिपक गए।

परंतु लियोनार्डो ने हार नहीं मानी। कुछ हफ्ते बाद जब दीवारें थोड़ी सूखीं

तो फिर काम आरंभ हुआ। लियोनार्डो को लगा कि दीवारें अंदर से अभी भी गीली होंगी। उनका उसने एक उपाय निकाला कि ऊपर स्कैफोल्डिंग पर खड़े होकर चित्रांकन आरंभ किया और नीचे कोयले की अँगीठी जला ली। उसे लगा कि इससे उसके चित्र जल्दी सूख जाएँगे।

पर तेल-पेंट के लिए यह उपाय कारगर सिद्ध नहीं हुआ और चित्र का ऊपरी हिस्सा झड़कर गिरने लगा, पर काम जारी रहा। मई 1506 में लियोनार्डो ने अपना 'युद्ध का मैदान' शीर्षक चित्र पूरा किया, हालाँकि वह इस चित्र से प्रसन्न नहीं था।

उधर माइकेल एंजेलो भी अपना काम पूरा नहीं कर पाया। पर इस असफलता का कोई तकनीकी आधार नहीं था। वास्तव में माइकेल एंजेलो की माँग ज्यादा थी और वह बीच-बीच में अन्य काम भी करता रहा।

लियोनार्डो यह सब देख-देखकर कुढ़ता रहता। उसके पास युद्ध के मैदान को पूरा करने के अलावा कोई विकल्प नहीं था।

जल्दी ही माइकेल एंजेलो को पोप जूलियस द्वितीय की ओर से बुलावा आ गया। पोप बड़ी बेसब्री से इस युवा कलाकार का इंतजार कर रहा था, ताकि अपनी यादगार इमारत पूरी कराए। वह सिस्टीन चैपल में भी माइकेल की सेवाएँ लेना चाहता था।

इस प्रकार, कारण कुछ भी हो, लियोनार्डो ने न केवल अपना अंतिम मुकाबला जीता वरन् एक यादगार रचना भी दुनिया के कला-प्रेमियों को सौंपी।

□

शरीर-रचनाशास्त्र का अध्ययन

'युद्ध का मैदान' शीर्षक रचना के चित्रांकन के दौरान लियोनार्डो ने शरीर के विभिन्न अंदरूनी अंगों का बारीकी से अध्ययन किया। उनका इरादा था कि शरीर का चित्रण पूरी बारीकी से तथा अत्यधिक जीवंतता के साथ किया जाए। वे समझना चाहते थे कि शरीर की विभिन्न हड्डियाँ व मांसपेशियाँ किस आकार की हैं ? किस प्रकार आपस में जुड़ी हुई हैं ? वे किस प्रकार चलायमान होती हैं ? शरीर की ऊपरी सतह के नीचे क्या-क्या है ?

लियोनार्डो शरीर को एक सॉफ्ट मशीन मानता था और यह जानना चाहता था कि हृदय कैसे धड़कता है, उँगलियाँ कैसे पकड़ती हैं ? कैसे उछला जाता है और कैसे झटके लगते हैं ?

उसका मानना था कि यदि चित्रकार को इस प्रकार का ज्ञान नहीं होगा तो वह शरीर को काठ का पुतला समझकर पेंट कर देगा और लोग युद्ध का मैदान देखते समय समझेंगे कि गाजर-मूलियाँ काटकर डाल दी गई हैं।

अपने उपर्युक्त प्रयास में लियोनार्डो ने तीस मानव शरीरों की बाकायदा चीर-फाड़ की। शवों से उनके विभिन्न अंग, जैसे—फेफड़े, हृदय, मस्तिष्क आदि निकाले और उनके हर भाग का सूक्ष्मता से अध्ययन किया। उसने हड्डियों को भी छोटे-छोटे टुकड़ों में काटा और देखा कि कहाँ पर वे खोखली हैं, कहाँ पर उनमें मज्जा भरी है, कौन सा भाग स्पंजी है। यह सब उसने दर्ज किया।

लियोनार्डो के प्रयोग बहुआयामी थे। उन्होंने शरीर में उत्पन्न होनेवाली गति की व्याख्या अनेक प्रकार से की। उन्होंने मांसपेशी काटकर अलग रखी और उसके स्थान पर रस्सी बाँधी। फिर उसकी सहायता से उसने देखा कि हड्डियाँ खिंचने पर किस प्रकार की गति दरशाती हैं।

लियोनार्डो ने शरीर के हर अंग के चित्र बनाए। वे अंग विशेष को पूरी

सावधानी से निकालते थे, फिर पूरी सफाई के साथ धोते थे। फिर उसमें इंजेक्शन के माध्यम से मोम भरकर उसका मूल स्वरूप उभारा करते थे।

इतना ही नहीं, मानव के अंग विशेष का अध्ययन पूरा करने के बाद वे दूसरे जीवों, जैसे—गाय, बंदर, भालू, मेढक, चिड़िया आदि के उन्हीं अंगों को सावधानीपूर्वक निकालते थे और फिर तुलनात्मक अध्ययन करते थे। साथ ही वह मानव के जीवन, उसकी गतिविधियों आदि का भी अध्ययन करते थे और जानने का प्रयास करते थे कि अंदर यदि एकरूपता है तो क्यों है ?

कुल मिलाकर लियोनार्डो ने मानव शरीर के विभिन्न अंगों के दो सौ से अधिक चित्र तैयार किए। उनमें से ज्यादातर बिलकुल सटीक थे। कुछ में अशुद्धियाँ थीं, जो कि उस समय की चीर-फाड़ की विधियों की सीमाओं के कारण हुई होंगी। पर विशेष बात यह है कि ये सभी चित्र अत्यंत खूबसूरत हैं। ये चित्र आज भी विश्व की प्रसिद्ध आर्ट गैलरियों में सजे हैं।

इस काम में लियोनार्डो ने अपनी सारी कल्पनाशीलता उड़ेल दी। उन्होंने अंग विशेष की परतों को विभिन्न कोणों में काटा और फिर उनके चित्र बनाए, जिस प्रकार क्रॉस-सेक्शन काटने का कार्य आज के चिकित्सा विज्ञान के विद्यार्थी किया करते हैं। उस समय यह एक बहुत बड़ी उपलब्धि थी। उन्होंने तीनों आयामों को दरशाते हुए अनेक अंगों के चित्र बनाए थे।

हालाँकि लियोनार्डो ने 'युद्ध का मैदान' नामक चित्र को वास्तविक रूप में बनाना प्रारंभ किया था, पर यह कार्य करते-करते उसका उद्देश्य बदल गया था। उसकी तीव्र इच्छा थी यह जानना कि आखिर मनुष्य में जीवन आता कैसे है ?

चीर-फाड़ करते-करते लियोनार्डो आत्मा की तलाश करने लगा। पूरा शरीर टुकड़े-टुकड़े करने के बाद भी उन्हें आत्मा कहीं नजर नहीं आई। उसे लग रहा था कि यदि आत्मा मिल जाए और उसका चित्र वह बना सके तो सारे रहस्य मिट जाएँगे।

अपनी इस इच्छा का उसने उल्लेख भी कर दिया था। इस कारण वह हँसी का पात्र भी बन गया था, पर वह विचलित नहीं हुआ।

□

मोनालिसा

लियोनार्डो का जीवन विविधताओं से भरा हुआ था। उथल-पुथल के माहौल में परिस्थितियाँ तेजी से बदल रही थीं। लोगों की चाहतें, फरमाइशें बदल रही थीं। काम के दौरान लियोनार्डो के मन में तरह-तरह के विचार उमड़ते थे। जिज्ञासाएँ उसे काम का रुख बदल देने के लिए मजबूर कर देती थीं।

परंतु फिर भी लियोनार्डो उनमें समन्वय बना लेता था। एक काम पूरा करने से पूर्व ही दूसरा काम प्रारंभ कर दिया जाता था। नए काम और पुराने काम में इतनी भिन्नता होती थी कि देखनेवाला चौंक जाता था कि एक ही आदमी दोनों कार्य कैसे कर रहा है!

युद्ध का मैदान एक अलग ही विषय था। मार-काट को वास्तविक रूप से दरशाने के लिए लियोनार्डो ने अस्पताल जाकर मानव शरीर की तरह-तरह से चीर-फाड़ की। अभी चीर-फाड़ का काम पूरा भी न हुआ था कि उसे एक मोहक मुसकानवाली खूबसूरत महिला मोनालिसा की तसवीर बनाने का काम मिल गया।

सन् 1505 में उसने इस महान् रचना पर कार्य प्रारंभ किया। यह मोनालिसा कौन थी, इस बारे में अभी तक रहस्य बना हुआ है। अनेक कला-प्रेमियों का मानना है कि मोनालिसा वास्तव में एक धनी व्यापारी फ्रांसिस्को डेल गियोकोंडो की पत्नी थी। इसका एक आधार यह भी है कि मोनालिसा को 'ला गियोकोंडो' भी कहा जाता है। पर सभी लोग इससे सहमत नहीं हैं। अनेक लोगों का मानना है कि यह युवती सोलहवीं सदी की उच्च श्रेणी की वेश्या रही होगी, जिसे पाने के लिए उस समय का हर धनी व्यक्ति बेचैन रहता होगा।

पर इसका भी कोई आधार नहीं मिलता है और चित्र देखकर इस प्रकार का कोई भाव भी नहीं उभरता है। अनेक लोगों का यह भी मानना है कि यह

तसवीर लियोनार्डो को जन्म देनेवाली माता की है। इस बात से इनकार करना भी कठिन है।

मोनालिसा के नाम पर अनेक प्रकार के अनुमान लगाए जाते हैं। कुछ लोगों का मानना है कि मोनालिसा का वास्तविक नाम 'मैडोना लिसा' था। पर नाम कुछ भी हो, विश्व की सर्वश्रेष्ठ मानी जानेवाली इस कृति की सबसे बड़ी विशेषता और आकर्षण है इसकी मुसकान। यह मुसकान न सिर्फ मोहक है वरन् क्रांतिकारी भी है।

मुसकान क्रांतिकारी इसलिए है कि उन दिनों लोग अपनी तसवीरें तो खूब बनवाते थे, पर उनकी वे तसवीरें अति गंभीर मुद्रा में होती थीं। दोनों ही यह मानते थे कि गंभीर मुद्रा ही आकर्षक व प्रभावशाली होती है।

पर लियोनार्डो ने लीक से हटकर काम किया। इस बारे में तरह-तरह की किंवदंतियाँ भी प्रचलित हैं, जैसे—मोनालिसा अत्यंत गंभीर व रोनी सूरतवाली युवती थी और उसे हँसाना या मुसकराने के लिए तैयार करना चुनौतीपूर्ण कार्य था। लियोनार्डो को उसके चेहरे पर मुसकराहट लाने के लिए अनेक संगीतज्ञों, कहानी सुनानेवालों, जोकरों आदि की सेवाएँ लेनी पड़ी थीं। जब लियोनार्डो पेंटिंग बनाता तो मोनालिसा सामने बैठी होती थी और ये सब लोग उसे हँसाने के लिए अपने करतब दिखाते थे।

इस बारे में यह भी कहा जाता है कि मोनालिसा के सारे दाँत टूटे हुए थे और वह नकली दाँत लगाती थी। जब जोकर हँसाते थे तो मोनालिसा बड़ी कठिनाई से अपनी हँसी रोक पाती थी और मुसकराकर रह जाती थी। यदि वह ठहाके के साथ हँसती तो उसके नकली दाँतों का सेट भी बाहर आ जाता। शायद इसीलिए उसकी मुसकान मोहक होने के साथ-साथ अनोखी भी है।

यही नहीं, यह भी कहा जाता है कि यह मोनालिसा कोई और नहीं वरन् लियोनार्डो की ही स्त्री-मुद्रा है। लियोनार्डो ने स्वयं ही विग आदि लगाकर स्त्री रूप धारण किया था और शीशे में देखकर यह तसवीर तैयार की थी।

खैर, जितने मुँह उतनी बातें। लियोनार्डो ने इसे पैसे लेकर बनाया था, जैसा कि उस दौर के कलाकार किया करते थे। यह चित्र 77 सेंटीमीटर लंबा और 53 सेंटीमीटर चौड़ा था। यह तसवीर इतनी मोहक है कि देखनेवाले को लगता है कि मोनालिसा उसी को देखकर मुसकरा रही है। यह भी लगता है कि यदि ज्यादा देर देखा गया तो वह बोल पड़ेगी। ऐसा उसके होंठों को देखकर प्रतीत होता है।

लियोनार्डो ने स्मोकी फुमोती तकनीक का प्रयोग करते हुए इसे तैयार किया

था। बनाने के बाद लियोनार्डो को यह तसवीर इतनी भा गई कि वह उसे अपने साथ ही रखता था। जब वह शौचालय जाता था तो वहाँ पर भी उसे अपने सामने ही रखता था। हो सकता है कि उसे इसके चोरी हो जाने का डर रहा हो।

बाद में इस पेंटिंग को फ्रांस के राजा लुई बारहवें ने खरीद लिया था। इसके साथ ही यह मोनालिसा भव्य राजमहलों की शोभा बन गई।

□

अन्य आकर्षक पेंटिंगें

यह माना जाता है कि विश्व में इस समय लियोनार्डो की सत्ताईस पेंटिंगें हैं। इनमें से बारह को लियोनार्डो ने स्वयं तैयार किया था। शेष में उनके सहायकों ने भी काम किया था। पर लियोनार्डो ने अपनी किसी भी पेंटिंग पर हस्ताक्षर नहीं किया और न ही कोई ऐसा निशान छोड़ा, ताकि यह पता चले कि यह उन्हीं की बनाई पेंटिंग है।

यही कारण है कि उनकी तैयार की हुई अनेक मौलिक पेंटिंगें बाद में धूल खाती रहीं। उनमें से कुछ मुरगीखानों की छतों के रूप में प्रयोग हुईं तो कुछ कबाड़खानों में सड़ती हुई मिलीं। इनमें से अनेक को पारखी लोगों की नजरें जब उपलब्ध हुईं तो उन्हें सम्मान मिला और शेष अभी भी किसी पारखी की निगाह की प्रतीक्षा कर रही होंगी।

सन् 1480 के आस-पास लियोनार्डो ने एक खूबसूरत पेंटिंग तैयार की थी। सेंट जिरोम नामक एक महापुरुष चौथी शताब्दी में जनमे थे और उन्होंने बाइबिल का अनुवाद किया था। उनके बारे में एक लोकप्रिय कथा है कि एक बार वे संत एक गुफा के सामने पत्थर पर बैठे थे, तभी एक शेर लँगड़ाता हुआ आया और उसने संत की ओर मदद के लिए कातर आँखों से देखा।

वास्तव में वह शेर घायल था। उसके पैर में एक बड़ा काँटा चुभ गया था, जिससे खून बह रहा था। संत ने उस शेर का पंजा अपनी गोद में लेकर उसका काँटा निकाल दिया। साथ ही घाव की सफाई भी कर दी।

शेर ने राहत की साँस ली। वह शेर बहुत भूखा भी था। उस गुफा के आस-पास वीराने में उसे कोई प्राणी नहीं दिखा। कृतघ्न शेर ने अब उस संत को ही खाने का निर्णय लिया। संत के हाथ में मात्र एक पत्थर था और एक गोद में भी।

इस कथा के आधार पर लियोनार्डो ने एक बड़ा मार्मिक चित्र तैयार किया

था। पर अन्य पेंटिंगों की तरह यह भी अधूरा रह गया था।

जब लियोनार्डो ने इसे छोड़ा तो यह इधर-उधर पड़ा रहा। तीन सौ पचास वर्ष बाद नेपोलियन बोनापार्ट के चाचा रोम में जब घूम रहे थे तो उन्होंने इसके एक हिस्से को कबाड़ की दुकान में देखा। वह हिस्सा एक अलमारी के हिस्से में लगा हुआ था। निश्चय ही जब उस पुरानी अलमारी का एक दरवाजा टूटा होगा तो बढ़ई को उस दरवाजे की जगह लगाने के लिए उस पेंटिंग के टुकड़े से बेहतर सामान नहीं मिला होगा। नेपोलियन के चाचा की नजर उसपर इसलिए पड़ गई कि उस पेंटिंग को एक बेमेल पैबंद के रूप में बेरहमी से लगाया गया था। उन्होंने तुरंत उस कबाड़ी को मुँहमाँगी रकम दी और वह पेंटिंग का टुकड़ा खरीद लिया, जिसमें संत जिरोम का चेहरा था, जिस पर शेर का भय व्याप्त था।

कला-पारखी नेपोलियन के चाचा ने अब युद्ध स्तर पर पेंटिंग के शेष भाग की खोज आरंभ की। कई महीनों की खोजबीन के बाद उस पेंटिंग का शेष भाग रोम में ही एक मोची की दुकान पर मिला। इस मोची ने जूते सिलने के लिए तैयार की गई अपनी वर्कबेंच में उस शेष भाग को फिट कर लिया था। इस भाग में संत जिरोम का शेष शरीर व कृतघ्न शेर दिखाई दे रहा था।

□

अंतिम दशकों में ज्यादा भाग-दौड़

आम आदमी साठ वर्ष की आयु में अवकाश ग्रहण कर लेता है। वह अपने पैतृक गाँव लौट जाता है और वहीं पर नाती-पोतों के साथ अपना शेष जीवन अब तक की कमाई या पुरानी जायदाद के सहारे गुजार देता है।

पर लियोनार्डो के भाग्य में ऐसा कुछ भी नहीं था। उसके पास न कोई परिवार था और न ही गाँव में कोई पैतृक संपत्ति। उसकी कमाई थी हजारों पृष्ठों वाली नोटबुक, जिसमें छिपे ज्ञान का पूरा महत्त्व उसे स्वयं नहीं मालूम था। तत्कालीन समाज के लिए वह काला अक्षर भैंस बराबर जैसा था। बनाई हुई कुछ ही पेंटिंगें थीं और कार्योपयोगी सामान था, जिसकी सुरक्षा भी एक दायित्व था।

सन् 1506 आ गया था। लियोनार्डो की अवस्था 54 वर्ष की हो चुकी थी। पूरे सफेद बाल, दाढ़ी पूरी सफेद, पर शरीर अब भी बलिष्ठ था। उसका भोजन सात्त्विक था। ऊँचे व जनोपयोगी विचार थे। अभी तक वह मिलान में फ्रांस के राजा लुई बारहवें के अनुरोध पर रह रहा था, जिन्होंने लुडविको को हटाने के बाद पूरे उत्तरी इटली पर कब्जा कर रखा था।

पर इस राजा को हाल में बनाई पेंटिंगों में कोई दिलचस्पी नहीं थी। उधर लियोनार्डो के पुराने संबंधी, उसके माता-पिता दुनिया छोड़ चुके थे। उसके चाचा फ्रांसिस्को भी, जिन्होंने बचपन में उन्हें हर चीज के बारे में बताया था, हाल ही में दुनिया से विदा हुए थे। लियोनार्डो को अब फ्लोरेंस, पैतृक गाँव, हरे-भरे खेत एवं वादियाँ याद आते थे और अकेले में वह अकसर आँसू बहाया करता था।

पर फिर भी लियोनार्डो काम में मन लगाकर अपने गम को भुलाने का भरपूर प्रयास करता। कभी फ्लोरेंस तो कभी मिलान में रहते हुए उसने तत्कालीन फ्रांसीसी गवर्नर के लिए कमरा ठंडा करने का शीतलीकरण यंत्र तैयार किया। यह यंत्र पानी से चलता था। इसी जल-शक्ति से उन्होंने संगीत उत्पन्न करनेवाला

वाद्य भी साथ-साथ चला दिया। इस प्रकार व्यक्ति गरमी के मौसम में न केवल ठंडक का आनंद ले वरन् मधुर संगीत भी सुने। सचमुच इससे कितनी खुशी मिली होगी!

उन्हीं दिनों पैसियोली नामक एक गणितज्ञ ने एक पुस्तक तैयार की। यह गणितज्ञ लियोनार्डो का अभिन्न मित्र था। उसने गणित के विभिन्न सूत्रों व समस्याओं को हल करने के तरीके खोजे और लियोनार्डो ने उन्हें आम आदमी के समझने लायक बनाने के लिए तरह-तरह के चित्र बनाए, जिनमें विभिन्न अनुपातों, आकारों आदि को चित्रों के द्वारा समझाया गया। उस काल में गणित को कला से जोड़ना और कला को गणित से जोड़ना एक अद्‌भुत बात थी।

अद्‌भुत कल्पना-शक्ति का उपयोग अंतिम दिनों में भी जारी रहा। सैन्य उपयोगी, जनोपयोगी चीजें तैयार करने के अलावा लियोनार्डो ने हास्यास्पद स्थिति उत्पन्न करने के लिए भी तरह-तरह के प्रयोग किए।

एक बार उसने एक साँड़ की आँतें निकलवाईं और फिर उन्हें साफ करके ऐसा रूप दिया कि वे उसकी हथेली पर आ जाती थीं। अब उसने अनेक लोगों को दावत पर आमंत्रित किया और उन्हें एक बड़े कमरे में बैठाया, जहाँ वे आँतें बिछी हुई थीं और जिनका खुला सिरा अगले कमरे में था।

जब वे कमरे में आ गए तो दूसरे कमरे में लियोनार्डो ने हवा पंप करना प्रारंभ कर दिया। साँड़ की आँतें हवा भरने के बाद फूलकर बैलून जैसी होने लगीं। मेहमानों ने समझा कि लियोनार्डो ने बैलून द्वारा उनके स्वागत की व्यवस्था की है।

उधर लोग बैलूनों का आनंद लेते रहे और इधर लियोनार्डो उन्हें लगातार फुलाता रहा। धीरे-धीरे साँड़ की फूली हुई आँतें विशालकाय हो गईं और पूरा कमरा भर गया। लोगों के खड़े होने की जगह भी नहीं बची। वे किनारे खिसकते चले गए। आँतों की ऊँचाई उनके कंधों तक आ पहुँची।

कुछ लोग घबराकर आलपिन या सुई-काँटा ढूँढ़ने लगे, ताकि चुभोकर इन विशालकाय बैलूनों से छुटकारा मिले; पर संयोगवश वह भी नहीं मिला। उधर लियोनार्डो द्वारा पंपिंग जारी रही और सभी लोग उन विशाल बैलूनों के नीचे दबकर हाहाकर मचाने लगे। कुछ की तो साँस भी रुक गई।

अंत में लियोनार्डो ने हवा निकालकर सभी को राहत दिलवाई और मेहमानों से इस मजाक के लिए माफी माँगी।

जीव-प्रेमी लियोनार्डो कभी-कभी जीवों को अनोखा रूप देकर समाज में हलचल मचा देते थे। कई बार उन्होंने छिपकली या साँप की केंचुल उतारकर

उनसे पंख तैयार किए और फिर उन पंखों पर पारे से पेंट किया, ताकि वे खूब चमकदार दिखें।

इसके बाद उन्होंने एक बड़ी वास्तविक छिपकली पकड़ी और उसमें वे पंख पूरी कुशलता से जोड़ दिए। इस छिपकली को डरावना दिखाने के लिए उन्होंने उसमें बड़ी-बड़ी नकली आँखें भी लगा दीं और सींग भी। साथ में एक छोटी काली दाढ़ी भी जोड़ दी।

इस प्रकार एक ड्रैगननुमा चमकदार, पर डरावना जीव तैयार हो गया, जिसकी किसी ने कल्पना भी नहीं की थी। पर साथ ही वे उसे पालतू भी बना लेते थे, ताकि वह किसी को काटे न या क्षति न पहुँचाए।

अकसर लियोनार्डो से मिलने या उसका दिमाग खाने के लिए ऊल-जलूल लोग आ जाते थे। उस अवसर पर लियोनार्डो धीरे से उसे उनके बीच छोड़ देते थे। उसे देखकर वे लोग भाग खड़े होते थे।

अपने अद्‌भुत सृजनशील मस्तिष्क का उपयोग करते हुए लियोनार्डो अकसर नए-नए कृत्रिम प्राणी उत्पन्न करते रहते थे। कई बार वह मोम मिले हुए अर्द्ध ठोस घोल तैयार करते थे और इस लेई का उपयोग करते हुए विभिन्न प्राणियों की आकृति के हलके खोखले मॉडल तैयार कर लेता था।

इसके बाद वह उस मॉडल को सावधानीपूर्वक फुलाते थे। जब वह विशाल कृत्रिम प्राणी बहुत हलका हो जाता तो उसे हवा में उड़ा देते थे। वह जीव बैलून की तरह उड़ने लगता। पहले लोग उसे देखकर डरते और फिर कौतूहल से देखते थे। बच्चों में तो कोलाहल मच जाता था।

वह अकसर विज्ञान का उपयोग करते हुए पार्टियों में जादुई चमत्कार दिखलाते थे। जब वह कप में खौलते हुए तेल पर लाल शराब डाल देता तो उससे लपटें निकलने लगती थीं और लोग डर जाते थे। वह दो गिलासों के ऊपर लकड़ी की एक डंडी रखकर उसे तोड़ देते थे और इस प्रक्रिया में गिलासों को कोई क्षति नहीं पहुँचती थी।

कई बार लियोनार्डो सड़ी हुई मछली से ऐसा बम तैयार कर लेता था, जिसे फेंकने पर बुरी तरह बदबू फैल जाती थी।

□

नई शरण में

सन् 1512 आ गया। लियोनार्डो ने साठ वर्ष की आयु पार कर ली थी। वे स्पेगेट्टी रोग से पीड़ित हो गए थे। पर तभी समाचार आया कि लियोनार्डो के प्रशंसक मेडिची फिर से फ्लोरेंस में सत्ता में आ गए हैं। उधर फ्रांसीसियों को मिलान से खदेड़ दिया गया था। खदेड़नेवाला था लुडविको सोर्जा का पुत्र मैसीमिलानो सोर्जा। पर दुर्भाग्यवश पिता के विपरीत बेटे को न कला में रुचि थी और न विज्ञान में। मिलान में लियोनार्डो की अब कोई उपयोगिता नहीं रह गई थी।

लियोनार्डो ने फ्लोरेंस की ओर रुख किया। कुछ ही दिन हुए थे कि मेडिची परिवार का एक सदस्य सन् 1913 में पोप नियुक्त हो गया।

नए पोप गुलियानो डी मेडिची ने लियोनार्डो को रोम में बुलाया। पुराने कद्रदान ने इस महान् वयोवृद्ध कलाकार के लिए एक कार्यशाला स्थापित कराई और अनेक सहायक भी दिए। पर यहाँ की परिस्थितियाँ मिली-जुली रहीं। सांत्वना का विषय यह था कि यहाँ पर युद्धक हथियार व उपकरण बनाने का उतना दबाव नहीं था और इस कारण लियोनार्डो को शांतिकाल के उपयोगी उपकरण बनाने का अवसर मिला। इससे भी अधिक प्रसन्नता का विषय यह था कि यहाँ काम अधूरा नहीं छूटता था और डिजाइन किए हुए अनेक उपकरण व्यावहारिक रूप से इस्तेमाल भी हुए।

इनमें से एक थी स्क्रू के लिए चूड़ी काटनेवाली मशीन। यह अगले चार सौ वर्षों तक इस्तेमाल होती रही। इसके अलावा लियोनार्डो ने वजन तौलनेवाली स्वचालित मशीन तैयार की। पानी से चलनेवाली घड़ी, आर्द्रता मापनेवाला उपकरण उसके अन्य आविष्कार थे।

ये सभी आविष्कार समय से बहुत पहले कर लिये गए थे। इस कारण वे

तब तक जनोपयोगी नहीं हो पाए जब तक जनता को इनकी वास्तविक आवश्यकता नहीं महसूस हुई।

साथ ही दुःखद पहलू यह था कि जब तक उन उपकरणों की आवश्यकता पड़ी तब तक लोग लियोनार्डो और उसके द्वारा किए गए कामों को भुला चुके थे। इस कारण उपर्युक्त उपकरणों का नए सिरे से आविष्कार हुआ। यदि लियोनार्डो द्वारा किए गए कामों पर पूरी तरह ध्यान दिया गया होता तो सोलहवीं सदी अति आधुनिक सिद्ध होती।

रोम में बिताए गए अंतिम वर्षों में लियोनार्डो को अपने मित्रों व परिचितों को बुलाने, आवभगत करने, हँसी-मजाक करने, वैज्ञानिक तमाशे करने, जैसे साँड़ की आँतों में हवा भरना, वीभत्स आकृतिवाले जीव बनाने आदि का खूब अवसर मिला। इन कामों की खूब चर्चा भी हुई। बच्चे-बड़े सभी इन प्रयोगों से आनंदित हुए। परंतु दुःख भी कम नहीं थे। अनेक कमउम्र कलाकार, जैसे माइकेल एंजेलो, राफेल आदि लियोनार्डो के साथ ही रहे। वे लियोनार्डो से न केवल प्रतिद्वंद्विता करते थे वरन् अधिक सम्मान भी पाते थे। ऐसे वातावरण में तरह-तरह के षड्यंत्रों का रचा जाना स्वाभाविक ही है।

अकसर लियोनार्डो को लगता था कि उसके सहायक उसके मौलिक विचारों को चुराकर प्रतिद्वंद्वियों तक पहुँचा रहे हैं। यह अस्वाभाविक भी नहीं था। इसके अलावा ये लोग शांति-प्रेमी, जीव-प्रेमी, शाकाहारी लियोनार्डो के आस-पास पक्षियों, मुरगियों आदि को पकड़कर दिखा-दिखाकर काटते थे और फिर बड़े चाव से मांस पकाकर खाते थे। इस प्रकार वृद्धावस्था में लियोनार्डो को समय-समय पर तरह-तरह की परेशानियों का सामना करना पड़ा।

यही नहीं, अनेक महत्त्वाकांक्षी परियोजनाओं में भी उसे असफलता हाथ लगी। सन् 1514 में रोम में वह अपने कमर दर्द व दाँतों के दर्द से परेशान होने के बावजूद सौर ऊर्जा के उपयोग के लिए दर्पण व लेंस तैयार करने में जुटा हुअ था। इसके लिए उसने दो जर्मन लड़के सहायक के रूप में रखे थे। पर वे दोनों सहायक अव्वल दर्जे के जाहिल व बदतमीज थे। उनमें से एक तो जान-बूझकर चिड़ियों का शिकार करता रहता था, ताकि लियोनार्डो को क्रोध आए। लियोनार्डो भी उसे गुस्से में राक्षस और न जाने क्या-क्या कहा करता था। नतीजा स्पष्ट था—सौर ऊर्जा संबंधी परियोजना ठंडे बस्ते में चली गई।

सन् 1515 आया। फ्रांस के सम्राट् लुई बारहवें का देहांत हो गया था। उसके उत्तराधिकारी अत्यंत शक्तिशाली व महत्त्वाकांक्षी थे। मात्र बीस वर्षीय

फ्रांकोइस ने शीघ्र ही लुई द्वारा खोए सारे इतालवी क्षेत्र जीत लिये। इसके बाद पोप लियो दसवें से शांति की बातचीत के लिए बोलोना में बैठक बुलाई।

इस बैठक के लिए लियोनार्डो ने एक गजब का वैज्ञानिक करतब तैयार किया। उन्होंने एक स्वचालित रोबोट शेर तैयार किया, जो उस शांति वार्त्ता की बैठक के दौरान न केवल कुछ कदम अपने आप चला वरन् उसके बाद उसने छाती खोलकर अपना दिल दिखाया, जिसमें लिली के फूल थे। इस अद्‌भुत प्रदर्शन पर, जो एक अत्यंत उपयुक्त अवसर पर उपयुक्त तरीके से किया गया था, उपस्थित लोग पहले कितना डरे होंगे और फिर कितना अचंभित हुए होंगे, इसकी मात्र कल्पना ही की जा सकती है।

अचंभित तो लोग आज भी हैं। वास्तव में स्वचालन, रोबोट तकनीक, क्लॉक के साथ काम करना अर्थात् सिंक्रोनिस्म—ये सब तकनीकें कई सौ साल बाद संभव हो पाईं। सचमुच, लियोनार्डो ने उस अवसर पर किस प्रकार उसे साकार किया होगा।

सचमुच, लियोनार्डो समय से बहुत आगे रहा। उन्होंने न केवल एक रोबोटिक शेर तैयार किया था वरन् एक बख्तरबंद रोबोटिक सैनिक तैयार किया था, यह सैनिक जब अपने आप उठता-बैठता था तो देखनेवालों का दिल बल्लियों उछलता था।

सन् 1516 आया। लियोनार्डो को अब फिर अपना घर-बार समेटना पड़ा। फ्रांस के नए शासक फ्रांकोअस प्रथम ने न सिर्फ लियोनार्डो को आमंत्रित किया वरन् उसे अपने यहाँ मुख्य पेंटर, वास्तुविद् तथा इंजीनियर नियुक्त किया।

वृद्ध लियोनार्डो को अपना सब कामकाज समेटने और स्वदेश (इटली) छोड़ने में तीन माह लग गए। सचमुच कितनी ऊहापोह की स्थिति रही होगी! इस यात्रा ने उसे काफी थकान भी दी होगी। हालाँकि आल्प्स पर्वत वह पहले भी पार कर चुका था, पर या तो स्थितियाँ बदली हुई थीं या स्वदेश छोड़ने की मनःस्थिति में वह सबकुछ नए सिरे से देख रहा था।

आल्प्स की चोटियों पर उसने विशाल गिद्धों को मँडराते हुए देखा। पूरे रास्ते उसने पेड़ों पर लटके विशाल सर्प और अजगर देखे। रास्ते के वनों में उसे झुंड-के-झुंड भेड़िए देखने को मिले।

जीवन की अंतिम व बहुत लंबी यात्रा में लियोनार्डो के साथ ढेर सारा सामान था। मोनालिसा सहित तमाम पेंटिंगें खच्चरों पर लदी हुई थीं। तमाम नक्शे, नोटबुकें, जो लियोनार्डो की जीवन भर की कमाई थीं, साथ चल रही थीं।

इटली छोड़ने का लियोनार्डो को गम था, पर क्या करता। उसकी जो कद्र यहाँ होनी चाहिए थी वह नहीं हो रही थी। उधर फ्रांस के राजा ने उसके स्वागत-सत्कार की पूरी तैयारी कर रखी थी। जीवन भर गरीबी में गुजारा करनेवाले लियोनार्डो को रहने के लिए सुंदर आलीशान मैनोर हाउस दिया गया था, जिसमें लियोनार्डो के साथ सलाई (दत्तक पुत्र) तथा सहायक मेल्जी रहने लगे। इस बँगले के साथ दो एकड़ में फैला एक खूबसूरत बाग भी था। पास में ही शाही महल था और लियोनार्डो के बँगले से सुरंग द्वारा महल तक सीधा रास्ता जाता था।

राजा फ्रांकोयस लियोनार्डो का अत्यधिक सम्मान करता था। वह उसे दुनिया का श्रेष्ठ पेंटर, श्रेष्ठ वास्तुविद् व श्रेष्ठ इंजीनियर मानता था।

पर कैसा दुर्भाग्य था, जब उसकी कद्र हुई तो पेंटिंग बंद हो गई। कुछ महीनों की बीमारी के बाद लियोनार्डो के हाथ में लकवा मार गया था और अब वह नहीं के बराबर पेंटिंग कर पाता था।

पर राजा को कोई निराशा नहीं थी। वह लियोनार्डो को नियमित रूप से आमंत्रित करता था और विभिन्न दार्शनिक विषयों पर लंबी व गहन चर्चा करता था। उसके अनुसार लियोनार्डो दुनिया का सबसे सुसंस्कृत व्यक्ति था। वह अकसर आत्मा जैसे विषय पर चर्चा करता था। जलती आग के सामने बैठकर लियोनार्डो युवा राजा के साथ ज्ञान का विनिमय करता था।

लियोनार्डो को अनेक प्रकार के संकोच का सामना करना पड़ता था। शरीर के अंगों का अध्ययन करते समय उसने आत्मा को ढूँढ़ने की कोशिश की थी, पर असफल रहा। अब राजा की अपेक्षा जानकर उसे संकोच होता था। राजा उसे हर महीने भारी-भरकम वेतन देता था। लियोनार्डो को उसे बोझ समझकर लेना पड़ता था। पर अब न उसे जरूरत थी और न इच्छा।

किंतु अब भी लियोनार्डो अनेक प्रकार से राजा की सेवा कर रहा था। उसने राजा के लिए अद्‌भुत व्यवस्था तैयार की थी और पहले से बने हिस्सों की सहायता से अपनी देखरेख में एक भव्य महल का निर्माण कराया। इस महल में भूतल पर बड़े-बड़े हॉल थे और हॉल का आकार आवश्यकतानुसार बदला जा सकता था। साथ ही इसमें जो शौचालय थे उनके द्वार भी अपने आप बंद हो जाते थे। चारों ओर फव्वारे लगे थे, जो महल की शोभा को कई गुना बढ़ा रहे थे।

फ्रांस में रहते हुए भी लियोनार्डो ने अंतिम दिनों तक उड़ान भरने का प्रयास जारी रखा। उड़नेवाली मशीन बनाने का जब कोई सुराग नहीं मिला तो

उसने एक ऐसा तंत्र बनाने का प्रयास किया जो आधुनिक ग्लाइडरों या पैराशूटों से मिलता-जुलता था—अर्थात् उसके पंख हिलें-डुलें नहीं। इसमें ऊर्जा का कोई स्रोत अर्थात् मोटर या इंजन न हो, कोई लीवर या घिरनी न हो।

बस यह हवा में लटका रहे। थोड़ा-बहुत इधर-उधर उड़े। लियोनार्डो इस प्रकार का ग्लाइडर बनाकर उड़ा सकता था, पर वह उस समय तक बहुत बूढ़ा हो चुका था।

□

अलविदा

अंतिम समय में लियोनार्डो द्वारा हास्य रस संबंधी वैज्ञानिक प्रयोग अधिक हुए। उसका बनाया रोबोटिक शेर नियम से फ्रेंच राजा के दरबार में जाता था। यंत्रों से बना वह शेर न केवल दरबार में गरजता था वरन् कुछ कदम चलता भी था। उस काल में, जब भी राजा के दरबार में कोई विशिष्ट अतिथि आता था तो, यह कवायद अवश्य होती थी—शेर का अतिथि की ओर चलना, रुकना, फिर अपना सीना खोलकर दिखाना, जिसमें लिली के ताजा फूलों का गुच्छा होता था।

ईश्वर ने लियोनार्डो को सुंदर व बलिष्ठ शरीर दिया था, पर आयु अधिक नहीं दी थी। जीवन भर अथक परिश्रम करने से वह शरीर ढलता गया। षड्यंत्रों, युद्धों, उथल-पुथल के कारण उन्हें जीवन के अंतिम दिनों में अपमान भी कम नहीं मिला।

नतीजा सामने था। उनका शरीर ढलता गया। 23 अप्रैल, 1519 को वे गंभीर रूप से बीमार पड़े। उन्हें अहसास हो गया कि अब वे कुछ दिनों के ही मेहमान हैं। उन्होंने अपनी वसीयत तैयार करवाई। पूरे जीवन में उनका अपना कोई हमसफर तो बन नहीं पाया था। सलाई को उन्होंने पुत्र माना था, पर वह तो महादुष्ट था।

पर जो भी हो, लियोनार्डो ने उसके साथ कोई अन्याय नहीं किया और उसे अपनी आधी संपत्ति का वारिस बनाया। अंतिम दिनों में उसके साथी मेलजी ने उनका बड़ा साथ दिया। शेष आधी संपत्ति उन्होंने उसके नाम कर दी। जो महिला उनके घर का काम-काज करती थी उसे भी कुछ धन दिया।

उनकी मृत्यु भी चर्चा का विषय बन गई। 20 मई, 1519 को वे इस दुनिया से चले गए। लोगों का कहना है कि मरते समय उनका अनन्य भक्त फ्रांस का राजा उनके साथ ही था और लियोनार्डो ने राजा की बाँहों में ही अपनी अंतिम साँस ली।

पर बाद में अनेक लोगों ने इसका खंडन किया और यह प्रमाणित करने का प्रयास किया कि लियोनार्डो की अंतिम घड़ी में राजा उसकी मृत्यु शय्या से मीलों दूर था। जो भी हो, विवाद तो जीवन भर लियोनार्डो के साथ रहे थे, अंतिम समय पर कैसे छोड़ देते।

लियोनार्डो को भी दफन होने के लिए अपने वतन की धरती नसीब नहीं हुई। परंतु इस महान् चित्रकार को ससम्मान फ्रेंच चैपल में दफनाया गया।

□

जाने के बाद

जीवन भर अशांति के बीच जीनेवाले लियोनार्डो को मरने के बाद भी शांति नहीं मिली। लियोनार्डो की मृत्यु तब हुई जब वह बैठकर कलम चला रहे थे। फ्रेंच चैपल में दफनाए जाने के बाद उस श्मशान की दशा समय के साथ दयनीय हो गई थी। निश्चय ही लियोनार्डो का न तो कोई वंशज था और न ही अनुयायियों का कोई संगठन, जो उनके स्मारक पर कभी फूल चढ़ाने आता।

सन् 1802 में नेपोलियन ने आदेश दिया कि इस वीरान श्मशान को साफ-सुथरा किया जाए। जिस व्यक्ति को यह कार्य सौंपा गया था उसने सारा इलाका खोद डाला। इसमें जो भी कॉफीन (शव रखने के बक्से) मिले, उनमें लेड होता था। इसके लालच में उन कॉफीनों को अलग करके नीलाम कर दिया गया। अंदर से निकले अस्थि-पंजर एक जगह पर डाल दिए गए।

आस-पास के स्थानीय ग्रामीण लड़के उन बड़ी अस्थियों से तरह-तरह के खेल खेलते थे। शेष को वहाँ के माली ने एक गड्ढे में दबा दिया था।

एक दिन खेल-खेल में उन बच्चों ने उन खोपड़ियों में से बड़ी खोपड़ी को छाँटा और अपने बुजुर्गों को दिखाया। उनमें से एक बुजुर्ग को याद था कि यहीं पर लियोनार्डो को दफनाया गया था। हो न हो, यह लियोनार्डो की ही खोपड़ी है।

इसके बाद उन लोगों ने उस वृहदाकार खोपड़ी को कुछ अन्य अस्थियों के साथ ससम्मान फिर से दफनाया और उनकी समाधि पर लिखा—'यहाँ पर जो कुछ भी दफन है, उसके बारे में यह विचार है कि वह सब लियोनार्डो द विंची का है।'

लियोनार्डो की मृत्यु के बाद उनका दत्तक पुत्र सलाई मिलान शहर में आया। पर वहाँ कुछ दिनों बाद ही एक दुर्घटना में उसकी मृत्यु हो गई। लोगों को उसके मरने पर कोई दुःख नहीं हुआ, क्योंकि उसने लियोनार्डो को आजीवन कष्ट ही दिए थे।

लियोनार्डो का सहायक फ्रांसिस्को मेलर्जा उसकी नोटबुकें, तसवीरें व अन्य साज-सामान लेकर इटली लौट आया। उसने अपने जीवनकाल में इस धरोहर को सँभालकर रखा और प्रसिद्ध मूर्तिकार पांपो लियोनी की सहायता से उन्हें क्रमबद्ध एवं व्यवस्थित किया तथा उनपर जिल्दें चढ़वाईं।

इन नोटबुकों को दो वर्गों में बाँटा गया। एक वर्ग में वैज्ञानिक विषय थे और दूसरे में कला संबंधी विषय। परंतु मेलर्जा का पुत्र उन्हें आगे नहीं सँभाल पाया। वैसे भी ये नोटबुकें इतनी महत्त्वपूर्ण थीं कि उन्हें लेने के लिए काफी विवाद मच रहा था।

उनमें से एक खंड सन् 1637 में मिलान आ गया और फिर वहीं रहा। दूसरा खंड इंग्लैंड के राजघराने के कब्जे में चला गया। ये खंड आज भी विंडसर में उपलब्ध हैं।

लियोनार्डो के कृतित्व को लेकर हुई खींचतान में उनका काफी साहित्य इधर-उधर बिखर गया और जलकर नष्ट भी हो गया। इसके परिणामस्वरूप काफी समय तक लोगों को केवल उनकी पेंटिंगें ही याद रहीं और उनके वैज्ञानिक व तकनीकी कार्यों को लोग भूल गए।

उन्नीसवीं सदी में लियोनार्डो के काम को सँजोने के लिए नए सिरे से प्रयास आरंभ हुए। उधर नेपोलियन की सेना ने 12 नोटबुकों पर कब्जा कर लिया और फिर वे इटली वापस नहीं आ सकीं। ये आज भी फ्रांस में सुरक्षित हैं।

लियोनार्डो द्वारा रचित पुस्तक का नाम आज केवल नोटबुकों में दर्ज है। वह पुस्तक उपलब्ध नहीं है। इसी तरह उन्होंने अनेकानेक मूर्तियाँ बनाईं, पर आज एक भी साबुत मूर्ति उपलब्ध नहीं है। उसकी बनवाई इमारतें भी समय के साथ नष्ट हो गईं।

परंतु उनके ज्यादातर चित्र व पेंटिंग सुरक्षित हैं। एक ओर अनेक कला-प्रेमियों ने सब प्रकार के लालच ठुकराकर और कठिनाइयों का सामना करते हुए भी उन्हें सँजोकर रखा; दूसरी ओर अनेक कलाकारों ने उनकी नकल करके और दूसरों की पेंटिंगों को लियोनार्डो की बताकर धोखाधड़ी से धन कमाने की चेष्टा की और काफी हद तक सफल भी हुए।

लियोनार्डो के अन्य कामों की तरह उनके अनेक चित्र भी अधूरे ही रह गए; पर ये अधूरे चित्र भी लियोनार्डो की कल्पना-शक्ति व प्रतिभा का पूरा चित्रण कर देते हैं।

हालाँकि लियोनार्डो आजीवन व्यस्त रहे और तरह-तरह के काम करते रहे,

पर अंतिम समय में वह निराश थे और उन्हें लग रहा था कि उन्होंने कम काम किया है। उन्हें अफसोस हो रहा था कि ईश्वर को उनसे निराशा हो रही होगी। यह बात उन्होंने अपनी अंतिम नोटबुक में दर्ज भी कर दी थी।

पर दुनिया भर के वैज्ञानिकों ने उनकी नोटबुकों को अमूल्य धरोहर माना। लोग उनका अध्ययन भी करते रहे और उनके आधार पर तरह-तरह के प्रयोग भी करते रहे। कई सौ साल बाद उनकी डिजाइनों पर आधारित उपकरण तैयार हुए और उपयोग में लाए गए।

□

सदियों बाद सपने साकार

आइए, देखें कि लियोनार्डो ने जो स्वप्न देखे थे और उनपर आधारित जो डिजाइनें तैयार कीं या मॉडल (चल व अचल) तैयार किए थे, उनका आगे क्या हुआ?

साफ-सुथरा शहर—सन् 1485 में मिलान शहर में भयंकर प्लेग फैला, जिसमें असंख्य लोग मारे गए। उस प्लेग के फैलने का कारण था तत्कालीन यूरोपीय समाज का गंदा रहन-सहन, घनी गंदी बस्तियाँ, बुरी आदतें आदि।

लियोनार्डो ने एक साफ-सुथरे आदर्श शहर की कल्पना की थी, जो कि नदी के किनारे बसाया जाएगा। यह पूर्णतः व्यवस्थित होगा। नहरों द्वारा विभिन्न खंडों में विभक्त होगा। एक ओर बड़े लोगों के निवास होंगे तो दूसरी ओर गरीबों की बस्तियाँ होंगी। सार्वजनिक भवनों में सर्पिल सीढ़ियाँ होंगी। सफाई के लिए पर्याप्त जल होगा, सार्वजनिक स्नानघर होंगे।

लियोनार्डो अपने जीवनकाल में तो अपना आदर्श शहर नहीं बनवा पाए, पर बाद के काल में यूरोप में नए शहर इसी तर्ज पर बनते गए और पुराने शहरों में भी पर्याप्त सुधार व्यवस्था हुई। लोगों की आदतों में सुधार हुआ और स्नान उनकी दैनिक चर्चा में शामिल हो गया।

काँसे का घोड़ा—मिलान में ही लियोनार्डो ने घोड़े का एक विशाल मॉडल तैयार किया था। अपने जीवनकाल में वह उस घोड़े को मूर्त रूप नहीं दे पाए। पर उनकी मृत्यु के लगभग पाँच सौ वर्ष बाद सन् 1970 के दशक में एक धनी अमेरिकी कला-प्रेमी ने उस विशाल घोड़े की कहानी सुनी तो उन्होंने तत्काल निर्णय लिया कि उस विशाल मॉडल की दो अनुकृतियाँ तैयार की जाएँ। इसके लिए उन्होंने कलाकार नियुक्त किए और सदियों पुरानी मॉडल निर्माण व काँसा ढलाई तकनीक, जिसका वर्णन पहले किया जा चुका है, का उपयोग किया गया।

कलाकारों ने लगातार श्रम किया और काँसे के दो विशाल घोड़े तैयार किए। उनमें से एक सन् 1990 के दशक में मिलान भेजा गया, जो उनकी कर्मभूमि रही और यह लियोनार्डो को हर पल दी जानेवाली श्रद्धांजलि की तरह वहाँ पर विराजमान है। यह पुनरुद्धार की भी याद दिलाता है। दूसरा घोड़ा अमेरिका में ही मिशिगन में मूर्तिकला पार्क में शोभा बढ़ा रहा है।

टेबल लैंप, गड्ढे से पानी निकालने की व्यवस्था, आरामकुरसी— कालांतर में ये सभी लियोनार्डो की कल्पना व डिजाइन के अनुसार बड़े पैमाने पर बनाए गए और आज भी उपयोग में लाए जा रहे हैं।

लास्ट सपर पेंटिंग—कालांतर में इस पेंटिंग की हुई दुर्दशा की गाथा हम पढ़ चुके हैं। सन् 1977 में इटली की सरकार ने निर्णय लिया कि 'लास्ट सपर' में इस प्रकार सुधार किए जाएँ, ताकि इसका पुराना गौरव लौट आए।

कला-विशेषज्ञों ने बड़ी सावधानी से सारे पेंट को खुरच-खुरचकर निकाला। इसके बाद उन्होंने अत्यंत पतले ब्रशों से मिलीमीटर-दर-मिलीमीटर उस मूल चित्र को दोबारा तैयार किया और इस काम में उन्हें लगभग बीस वर्ष का लंबा समय लगा। इस प्रकार लियोनार्डो को जितना समय उसे बनाने में लगा था उससे दस गुना समय उसे बहाल करने में लग गया।

पर आज इसके दर्शन हेतु 25 लोगों के एक समूह को मात्र 15 मिनट के लिए अंदर भेजा जाता है और वे लोग जब इसे निहारते हैं तो उनकी साँसें थम जाती हैं। इसकी खूबसूरती को बनाए रखने के लिए अब हर संभव उपाय किए गए हैं। विशेष रूप से तैयार धूल-शोषक कालीन व धूल अलग करनेवाले पाइप आदि लगाए गए हैं, ताकि धूल का एक कण भी इस महान् कलाकृति तक न पहुँच पाए।

पर फिर भी, कला-मर्मज्ञों का कहना है कि पिछले पाँच सौ वर्षों में इस पेंटिंग के साथ इतनी छेड़छाड़ हुई है कि यह मूल पेंटिंग की अनुकृति नहीं रह गई है। लियोनार्डो की मूल पेंटिंग कितनी सुंदर रही होगी, उसकी मात्र कल्पना ही की जा सकती है।

पहाड़ों के बीच से नहर—अपने जीवनकाल में लियोनार्डो अपने शहर फ्लोरेंस को समुद्र से जोड़ना चाहता था। इसके लिए वह चाहता था कि बीच में पड़नेवाले पहाड़ों से होकर एक नहर तैयार की जाए और वह नहर ऐसी हो, जिससे समुद्री जहाज भी अंदर आ सकें। इसके लिए लियोनार्डो ने एक विस्तृत योजना तैयार की थी।

पाँच सौ वर्ष बाद बीसवीं सदी में इटली में वैसी ही सुरंग उन्हीं पहाड़ों के

बीच से निकाली गई; पर इसमें जहाज नहीं, मोटरें चलती हैं। इस सुरंग ने फ्लोरेंस और पीसा को सड़क-मार्ग से जोड़ दिया है।

गोताखोरी के उपकरण व सूट—गोताखोरी के संदर्भ में लियोनार्डो ने जो कल्पनाएँ की थीं वे कालांतर में साकार हुईं। आज गोताखोरों के पास उच्च कोटि के सूट व उपयोगी उपकरण हैं। अब वे सैन्य कार्यों में भी उपयोगी हैं और असैन्य कार्यों में भी। इनके सहारे गोताखोर गहरे सागर की तली तक पहुँच जाते हैं।

टैंक व बख्तरबंद गाड़ियाँ—लियोनार्डो की मृत्यु के चार सौ वर्ष बाद टैंक का सपना साकार हुआ। प्रथम विश्वयुद्ध में सोम के युद्ध में पहली बार टैंकों का प्रयोग किया गया था और वह भी लियोनार्डो द्वारा कल्पित अचानक विस्मयकारी रूप से।

उपर्युक्त युद्ध में टैंक आगे-आगे थे, जो कि रास्ता बना रहे थे। इन टैंकों के पीछे सामान्य फौज थी और वह उन टैंकों की आड़ से गोलाबारी कर रही थी।

मल्टी बैरल लॉञ्चर व सुरंग की सूचना देनेवाले उपकरण—बीसवीं सदी में लियोनार्डो द्वारा कल्पित मल्टी बैरल लॉञ्चर युद्धों में प्रयोग होने लगे। अब इनसे कई मिसाइलें एक साथ छोड़ी जाती हैं। इसी तरह भूमिगत गतिविधियों को जानने के लिए भी आज अनेक उपकरण उपलब्ध हैं।

मोनालिसा की दशा और दुर्दशा—लियोनार्डो द विंची ने मोनालिसा की पेंटिंग फ्रांस के राजा लुई बारहवें को बेची थी। इसके बाद वह भव्य महलों की शोभा बढ़ाती रही। पर जब फ्रांस में क्रांति हुई तो क्रांतिकारियों ने इसे पेरिस की लॉवरे आर्ट गैलरी में पहुँचा दिया। जब नेपोलियन सत्ता में आया तो उसने इस खूबसूरत महिला की पेंटिंग आर्ट गैलरी से मँगवाकर अपने शयनकक्ष में लगवाई।

पर कालांतर में इस पेंटिंग की बड़ी दुर्दशा हुई। उसकी हजारों-हजार प्रतियाँ छपीं और टमाटर चटनी के टिनों, शराबखाने के रूमालों तथा अन्य घरेलू सामानों पर एक मोनोग्राम के रूप में छपती रहीं। कालांतर में शौचालय में प्रयोग होनेवाले फ्रेशनर्स पर भी यह छपी और शौचालयों की भी शोभा बढ़ाती रही।

इसकी दुर्गति की कोई सीमा नहीं थी। सन् 1919 में एक फ्रेंच कलाकार मार्सेल उल्चैंप ने मोनालिसा की एक पुरुष अनुकृति बनाई, जिसमें इसकी हलकी मूँछें और ठोड़ी पर छोटी सी दाढ़ी दरशाई। साथ में एक अश्लील टिप्पणी भी लिखी।

सन् 1983 में एक जापानी कलाकार ताढिको ओकावा ने मोनालिसा का एक नया ही रूप पेश किया। पर यह तेल पेंटिंग नहीं थी। यह तसवीर टोस्ट (ब्रेड का टुकड़ा) के 1436 टुकड़ों से बनाई गई थी।

अनोखी विधि से तैयार इस तसवीर के लिए कलाकार ने पहले अल्युमिनियम की एक पतली पत्ती को आवश्यक आकारों में काटा और फिर उनमें उचित आकार के ब्रेड के टुकड़े लगाए। इसके बाद उन्हें सावधानी से गरम (टोस्ट) किया, ताकि एक जैसा भूरापन आ जाए।

इसके बाद उन्हें जोड़कर आकर्षक तसवीर बना दी, जिसे देखने का भी मन करता है और खाने का भी। देखनेवाले तरह-तरह की टिप्पणियाँ करते हैं, जैसे यदि इसपर मक्खन लगाया जाए तो पिघलेगा या नहीं। इसके निर्माण में कौन सी ब्रेड इस्तेमाल हुई आदि-आदि।

मोनालिसा की मूल पेंटिंग में मोनालिसा एक खिड़की पर बैठी है और खिड़की के दोनों किनारों पर पत्थर के दो स्तंभ हैं। ये दरअसल खिड़की के ही भाग हैं। बाद में किसी ने इन्हें पेंटिंग के दोनों किनारों से 6-6 सेंटीमीटर काट दिया। कारण क्या था, यह ज्ञात नहीं। इससे वे स्तंभ गायब हो गए।

समय के साथ मोनालिसा के अनगिनत रूप चित्रकारों की पेंटिंगों में आए। इनमें से कुछ इस प्रकार हैं—

1. मोनालिसा मात्र अंडरवियर पहने मोटर बाइक पर सवार है।
2. गोरिल्ला का रूप धारण किए है और नाम है मोना गोरिल्ला।
3. घुँघराले बालों में मोनालिसा।
4. सड़क पर खड़े एक फिल्म स्टार क्लिंट इस्टवुड को ऊपर खिड़की पर खड़े होकर आँख मारते हुए।

सन् 1911 में मोनालिसा का अपहरण भी हुआ। ज्यों ही पता चला कि लॉवरे आर्ट गैलरी से मोनालिसा की पेंटिंग गायब है, लोगों का विशाल समूह गैलरी की ओर दौड़ पड़ा और पेंटिंग के स्थान पर खाली स्थान देखकर दुःखी होने लगा।

उधर दुःखी होने, आँसू बहाने का क्रम चल रहा था और इधर धूर्त कलाकारों ने मोनालिसा की छह नकलें बनाकर यह कहकर अमेरिकियों को बेच दीं कि ये मूल मोनालिसा की पेंटिंग है, जो चुराकर बेची जा रही है। दो साल बाद यह तसवीर पुलिस ने आर्ट गैलरी से बरामद की।

मोनालिसा जिस गैलरी में है उसके एक कर्मचारी को पहले तो मोनालिसा से इश्क हो गया। वह अकसर उस पेंटिंग से बातें करता रहता था और अपने दिल का हाल सुनाता रहता था। पर बाद में उसे ईर्ष्या होने लगी; क्योंकि उसे लगता था कि मोनालिसा उसकी अपेक्षा अन्य दर्शकों की ओर देखकर अधिक मुसकराती थी। अब वह उसे देखकर बड़बड़ाने लगा। उसकी हरकतों को देखकर आर्ट गैलरी के

प्रबंधकों ने उसे नौकरी से निकाल ही दिया।

मोनालिसा की तसवीर आज भी लॉवरे आर्ट गैलरी की शोभा बढ़ा रही है। वह कभी भी अकेली नहीं रहती है। रोजाना लगभग 14,000 कला-प्रेमी उसके दर्शन के लिए आर्ट गैलरी आते हैं।

उड़ान का सपना—सन् 1483 में लियोनार्डो ने एक तसवीर बनाई थी, जिसमें एक रोमन सैनिक एक तंबू के आकार के पैराशूट के सहारे हवा में उड़ रहा था। अपनी नोटबुक में लियोनार्डो ने लिखा भी था कि इसमें मात्र 12 मीटर कपड़ा लगेगा और व्यक्ति किसी भी ऊँचाई से कूदे, उसे बिलकुल चोट नहीं लगेगी।

सदियों तक इसका कोई उपयोग नहीं हुआ। बाद में पैराशूट बन भी गया, पर उसका उपयोग नहीं हुआ। बीसवीं सदी में जब हवाई यात्राएँ बड़े पैमाने पर प्रारंभ हुईं तो यह पैराशूट आम हो गया।

जून 2000 में एक साहसी ब्रिटिश सिरफिरे ने गरम वायु से ऊपर उठनेवाले गुब्बारे की सवारी की। जब गुब्बारा 3,000 मीटर की ऊँचाई पर पहुँचा तो उसने लियोनार्डो की डिजाइन पर आधारित पैराशूट से छलाँग लगा दी। वह साफ सुरक्षित पृथ्वी पर आ गया और उसे कहीं खरोंच तक नहीं आई। इस प्रकार उसने लियोनार्डो की पैराशूट डिजाइन का कार्यान्वयन किया।

पर आलोचकों का मुँह बंद नहीं हुआ। उनका कहना था कि ब्रिटिश पैराट्रूपर ने डिजाइन तो लियोनार्डो की ली थी, पर निर्माण में आधुनिक सामग्री का उपयोग किया था। यदि सोलहवीं सदी की सामग्री जैसे कपड़ा, डोरी आदि इस्तेमाल की होती तो पैराशूट का वजन 85 किलोग्राम होता, वह पैराट्रूपर के वजन से ज्यादा होता और वह व्यक्ति धड़ाम से नीचे आ गिरता।

वातानुकूलन यंत्र—लियोनार्डो द्वारा डिजाइन किए गए वातानुकूलन यंत्र बीसवीं सदी में घर-घर तक पहुँच गए।

सौर ऊर्जा—सौर ऊर्जा का पहले-पहल इस्तेमाल ईसा पूर्व काल में आर्कमिडीज ने किया था, जिन्हें लियोनार्डो अपना आदर्श मानते थे। लियोनार्डो ने न केवल आर्कमिडीज के स्क्रू की डिजाइन का तरह-तरह से उपयोग किया वरन् उनके द्वारा कल्पित सौर ऊर्जा के अन्य उपयोगों पर भी आगे काम किया था तथा तरह-तरह के दर्पण व लेंसों को तैयार किया था। बीसवीं सदी में सौर ऊर्जा आम हो गई।

खिलौने—लियोनार्डो द्वारा वैज्ञानिक ज्ञान के उपयोग से लोगों को लुभाने, चौंकाने, डराने, सिखानेवाले खिलौने तैयार करने की जो प्रक्रिया प्रारंभ की गई थी

वह आज अपने चरम पर है और साधारण खिलौनों के बजाय वैज्ञानिक खिलौने बच्चों के द्वारा अधिक पसंद किए जाते हैं।

रोबोट—लियोनार्डो ने एक विशेष अवसर के लिए रोबोट तकनीक का उपयोग करते हुए एक यांत्रिक शेर बनाया था, जो अपना सीना खोलकर अंदर स्थित लिली के ताजा फूल दिखाता था। उसने एक कवच युक्त यांत्रिक मानव भी इसी तकनीक का उपयोग करते हुए तैयार किया था।

सदियों तक इसे कपोल-कल्पना ही माना गया, क्योंकि लियोनार्डो ने अपने कृतित्व की पूर्ण व्याख्या नहीं की थी। पर आज रोबोट तकनीक आम हो चुकी है। रोबोट बड़े-बड़े कल-कारखानों में भी काम करते हैं और समुद्र की गहराइयों में भी। वे डाक बाँटने जैसे साधारण कार्य से लेकर इस्पात ढलाई जैसे जोखिम भरे कार्य भी कर डालते हैं।

इस प्रकार लियोनार्डो द्वारा तैयार स्केच व मॉडल, चाहे वह पैडलवाली नाव हो या आसमान में उड़नेवाला हेलीकॉप्टर, सभी सदियों बाद साकार हुए।

परंतु इन सबमें सबसे अधिक महत्त्वपूर्ण तकनीक, जो लियोनार्डो ने विकसित की थी और जो सबसे अधिक दामों में बिकी, वह थी उनकी कोडिंग तकनीक।

लियोनार्डो की मृत्यु के पश्चात् उनकी कीमती नोटबुकें तथा अन्य कागजात, जिनमें उनके अमूल्य विचार दर्ज थे, इधर-उधर बिखरने लगे। कुछ बिक भी गए, कुछ लापरवाही के कारण नष्ट हो गए। कुछ को पुरानी चीजें बेचनेवालों ने अपने यहाँ रख लिया और फिर आगे बेच दिया।

चार-पाँच सदियों में 6,000 पृष्ठ तो नष्ट हो गए पर 7,000 पृष्ठ बच गए। ये विभिन्न खंडों में कोडेक्स के रूप में हैं और संसार के विभिन्न पुस्तकालयों में सुरक्षित हैं। इनके पीछे कुछ में उनका नाम है जो व्यक्ति या संगठन इनके अंतिम स्वामी थे, जैसे—कोडेक्स अरुंडेल का अर्थ है लॉर्ड अरुंडेल, जो लियोनार्डो के सामानों को सँभालकर रखते थे। उन्होंने यह खंड भी सँभालकर रखा था।

कोडेक्स अटलांटिक्स का अर्थ था, यह खंड उस कागज के नाम पर है जो बहुत बड़े आकार का होता है और आमतौर पर एटलस निर्माण में काम आता है। लियोनार्डो इस प्रकार के नोट बनाने के लिए ऐसे कागज का प्रयोग करते थे।

सन् 1994 में माइक्रोसॉफ्ट कंपनी के स्वामी बिल गेट्स ने लियोनार्डो के कोडेक्स लीसेस्टर को खरीदने के लिए 3 करोड़ डॉलर दिए। उस खंड को खरीदने के बाद उन्होंने डिजिटल कोड में उसे परिवर्तित किया, ताकि उसे सीडी में दर्ज किया और पढ़ा जा सके।

हालाँकि बिल गेट्स ने यह कार्य व्यावसायिक उद्देश्य से किया और इतनी भारी रकम लगाई, पर साथ ही यह भी कहा कि लियोनार्डो द विंची बचपन से ही उनके आदर्श रहे हैं। कोडेक्स लीसेस्टर जैसी उनकी नोटबुकों में जो सामग्री आधुनिक उपकरणों को तैयार करने के लिए है, वह समय से सैकड़ों वर्ष पहले की है।

हालाँकि काफी ढूँढ़ने के बाद उनकी नोटबुकों में पनडुब्बी व हेलीकॉप्टर बनाने की डिजाइन तो मिले हैं, पर कंप्यूटर की नहीं मिली और बिल गेट्स को उससे निराशा हुई। पर फिर भी उनका मानना है कि लियोनार्डो उस समय उठकर काम करने लगे थे जब सारा जमाना सो रहा था। यह देखकर आश्चर्य हुआ कि एक-एक उपकरण तैयार करने के लिए लियोनार्डो ने उसकी हर बारीकी को समझने हेतु सैकड़ों पृष्ठ लिखे, जो कि नोटबुकों में लगे हैं। जो समस्याएँ आगे आएँगी उनका हल उन्होंने पहले ही सोच लिया था और दर्ज भी कर लिया था। अब केवल शीशा सामने रखने की बात है।

□

मोनालिसा की पहचान

मोनालिसा कौन थी, यह रहस्य लियोनार्डो ने आजीवन नहीं खोला। उनके जाने के बाद भी यह रहस्य बना रहा और जिज्ञासु लोग इस पर शोध करते रहे।

अभी हाल में जिऊसेपे पलांति नामक एक इतिहासकार ने 'मोनालिसाज स्टोरी' नामक पुस्तक लिखी है। उसमें उन्होंने यह दावा किया है कि मोहक मुसकान वाली इस खूबसूरत महिला की पहचान कर ली गई है।

उनके अनुसार, इस महिला का वास्तविक नाम लिसा घेरार्दिनी था और उसका संबंध एक छोटे, पर संभ्रांत परिवार से था। 15 जून, 1479 को जनमी लिसा दरअसल लियोनार्डो की पड़ोसन थी। उसका जन्म ओल्ड फ्लोरेंटाइन हाउस में हुआ था, जो ऊर्जा कारीगरों की कार्यशाला था। उस समय वह जगह अच्छी नहीं थी, मिडीवल ब्रिज के पास वह जगह कीचड़वाली थी और बारिश के दिनों में वहाँ पानी जमा हो जाता था। यह शिकायत मकान मालिक ने सन् 1480 में दर्ज कराई थी। इससे पहले ही कार्यशाला को तोड़कर दो मकान बना दिए गए। इसी में से एक मकान एंटन मार्रिया घेरार्दिनी को दिया गया था।

जब मोनालिसा मात्र पंद्रह वर्ष की थी तो उसका परिवार आर्थिक संकट में फँस गया था। लियोनार्डो के पिता और लिसा का परिवार पड़ोसी थे। सन् 1495 में जब लिसा मात्र सोलह वर्ष की हुई तो उसका विवाह एक विधुर व्यापारी से हो गया, जो आयु में उससे चौदह वर्ष बड़ा था।

कालांतर में इस मोनालिसा ने पाँच बच्चों को जन्म दिया। दुर्भाग्यवश आज मोनालिसा का नया घर, जो सेन लॉरेंजो मार्केट में था, वेश्याओं का अड्डा बन गया है।

पर मोनालिसा की अद्‌भुत मुसकान का रहस्य अभी भी रहस्य ही है।

□

लियोनार्डो की चित्रकला तकनीक

यदि आधुनिक बच्चे या किशोर लियोनार्डो की तकनीक अपनाना चाहें तो अपना सकते हैं। यह अत्यंत आसान है। इसके लिए निम्नलिखित वस्तुओं की आवश्यकता पड़ेगी—

1. एक प्लेट,
2. पेंट करनेवाले कुछ ब्रश,
3. कागज,
4. कुछ पेंसिलें,
5. काला पेस्टल,
6. तैल पेंट,
7. लिनसीड पेंट,
8. चित्र बनाने के लिए बड़ी दीवार या लकड़ी का बड़ा बोर्ड,
9. नुकीले पिन,
10. साफ करने के लिए पुराना कपड़ा तथा
11. अदृश्य प्रेरणा–शक्ति।

सर्वप्रथम जिस वस्तु, घटना, दृश्य का चित्र बनाना हो उसका पर्याप्त अध्ययन किया जाए और कुछ प्रारंभिक स्केच तैयार कर लिये जाएँ। यह तब तक जारी रहना चाहिए जब तक कि विषय के बारे में आत्मविश्वास न जम जाए।

इसके बाद चित्र के जो–जो खंड बनाने हों उन्हें बड़े कागज पर अलग-अलग बना लिया जाए। ये चित्र या कार्टून उसी आकार के होने चाहिए जिस आकार में अंतिम चित्र में होंगे। लियोनार्डो भी इसी तकनीक से चित्र बनाते थे और उसके बाद उन्हें आपस में चिपकाकर दीवार के आकार का वास्तविक चित्र तैयार करते थे।

इसके बाद सभी चित्रों के संगम को दीवार पर चिपका देते थे। तत्पश्चात् वे नुकीले पिन या किसी अन्य औजार से चित्र के किनारे-किनारे निशान लगा लेते थे। इसके बाद वे किनारों पर पिन से किए गए छेदों पर काला पेस्टल रगड़ा करते थे। यह कागज के छेदों को पार कर दीवार पर चढ़ जाता था।

इसके बाद वे कागज को हटा देते थे, जिससे दीवार पर चित्रों का समूह बिंदुओं के रूप में उभर आता था। इसके बाद वे मिट्टी के रंग जैसे रंग से नीचे की परत रँगते थे। इस प्रकार लियोनार्डो मुख्य आकृतियाँ तैयार कर लेते थे।

उसके बाद वे उसे त्रिआयामी रूप देते थे, जैसे छाया में पड़नेवाले भागों पर गहरा रंग लगाते थे और प्रकाश में पड़नेवाले भागों पर हलका रंग।

इतनी देर भूरी निचली परत सूख जाती है और उसके ऊपर चमक डालकर रंग किया जा सकता है। चमक बढ़ाने के लिए रंगों का पारदर्शी पतला घोल प्रयोग किया जा सकता है। पतला करने के लिए लिनसीड तेल का उपयोग किया जाता है।

जहाँ-जहाँ पर प्रकाश सीधा पड़ता है, उन भागों को चमकाना आवश्यक होता है। चमकाने के लिए श्वेत पेंट या श्वेत मिश्रित रंग प्रयोग किया जा सकता है।

लियोनार्डो अपने बनाए चित्रों को बहुत देर तक निहारते रहते थे और जहाँ-तहाँ सुधार भी करते थे। पर वे न तो अपने चित्र को कोई शीर्षक देते थे और न ही उसपर हस्ताक्षर ही करते थे। एक और विशिष्ट बात यह थी कि वे किसी निश्चित तकनीक में नहीं फँसते थे। वे अपनी सृजनात्मक क्षमता का उपयोग करते हुए स्वतंत्र रूप से आगे बढ़ते जाते थे।

अपनी छोटी सी जिंदगी में पहाड़ जैसे बहुत बड़े-बड़े काम कर डालने का मुख्य कारण यह था कि वे कभी भी एक काम में फँसकर नहीं रह जाते थे। जब उनकी निचली परत गीली होती तो वे उस समय का उपयोग अन्य कार्य के लिए करते थे।

□

लियोनार्डो के समकालीन अन्य वैज्ञानिक

निकोलस कोपरनिकस (1473-1543)

पोलैंड निवासी इस वैज्ञानिक का जन्म 19 फरवरी, 1473 को थॉर्न नगर में हुआ था और शिक्षा-दीक्षा इटली में हुई थी। इनके पिता का देहांत मात्र दस वर्ष की आयु में ही हो गया था। मामा ने इनका पालन-पोषण किया। लियोनार्डो के विपरीत कोपरनिकस को पूर्वी यूरोप के प्रसिद्ध क्रैको विश्वविद्यालय में सन् 1491 में शिक्षा का अवसर मिला। बाद में सन् 1496 में इटली जाकर उन्होंने बोलोना, रोम व पदुआ में शिक्षा प्राप्त की।

चिकित्सा-विज्ञान व कानून में डिग्री प्राप्त कोपरनिकस ने जीविकोपार्जन के लिए चिकित्सा व्यवसाय प्रारंभ किया और एक हॉबी (शौक) के रूप में खगोल विज्ञान पर कार्य प्रारंभ किया।

शीघ्र ही कोपरनिकस को लगा कि अब तक मान्य टोलेमी का सिद्धांत गलत है और सूर्य को ब्रह्मांड का केंद्र माना जाना चाहिए। पर उस समय ईसाई धर्म के विरुद्ध वैज्ञानिक तथ्य प्रस्तुत करना कठिन था।

कोपरनिकस ने वर्षों तक अपनी नई परिकल्पना गोपनीय रखी। सन् 1512 में इसका सारांश तैयार किया और उसकी प्रतियाँ बौद्धिक जगत् में बँटवाईं; पर उस वातावरण में किसी ने कोई प्रतिक्रिया नहीं दी।

इसी बीच पर्शिया का एक छात्र रैतिकस कोपरनिकस के पास शिक्षा के लिए आया। उसने कोपरनिकस का अब तक का कार्य समझा और सारांश को अपने देश में अपने पूर्व गुरु के पास भेज दिया, जहाँ यह सन् 1540 में न सिर्फ प्रकाशित हुआ वरन् इसका भव्य स्वागत किया गया। शीघ्र ही इसका पुनर्मुद्रण भी हुआ। वृद्धावस्था के बावजूद अब कोपरनिकस को जोश आया और उन्होंने अपना समस्त कार्य प्रकाशन हेतु भेजा।

उनका कार्य जब प्रकाशित होकर सन् 1543 में आया तो वे मृत्यु शय्या पर थे और फिर शीघ्र ही चल बसे। पर वह कार्य इतना विलक्षण, गंभीर व तर्कसंगत था कि अपने आप वैचारिक क्रांति आ गई।

टाइको ब्राहे (1546-1601)

डेनमार्क के इस गणितज्ञ ने अंतरिक्ष का गहन अध्ययन किया और अनेक खगोलीय तालिकाएँ तैयार कीं। उन्होंने कुछ बातों में कोपरनिकस का विरोध भी किया।

बैनेदेती (1530-1590)

इटली के इस विलक्षण भौतिकविद् को गैलीलियो का अग्रगामी माना जाता है। उन्होंने सबसे पहले यह रहस्योद्घाटन किया था कि विभिन्न भारों पर समान घनत्ववाली वस्तुएँ ऊपर से एक साथ गिराने पर एक साथ ही जमीन पर पहुँचती हैं।

ब्रूनो (1548-1600)

ब्रूनो कोपरनिकस का समर्थक था और आनेवाले समय में गैलीलियो ने जो खोजें की थीं, उसने उनका पूर्वानुमान लगा लिया था। ब्रूनो ने अरस्तू के सिद्धांतों का घोर विरोध किया और इस कारण सन् 1593 में उसे गिरफ्तार कर लिया गया।

सात वर्ष कारावास में रखने के बाद सन् 1600 में उसे रोम में एक खंभे से बाँधकर जिंदा जला दिया गया।

वैसेलियस (1514-1564)

पुनर्जागरण काल से पूर्व मृत मानव देह की चीर-फाड़ करना धर्म-विरुद्ध कार्य माना जाता था और इसे केवल चोरी-छिपे ही किया जाता था।

पर पुनर्जागरण काल में यह कार्य वैध बन गया। वैसेलियस ने लूपे, पेरिस एवं पादुआ में शिक्षा पाई और फिर पादुआ में शिक्षण कार्य प्रारंभ किया। बाद में वह रोम व स्पेन के सम्राट् का चिकित्सक बना।

सन् 1543 में मात्र उनतीस वर्ष की आयु में उसने सात खंडों में पुस्तक तैयार की, जिसमें मृत शरीर की चीर-फाड़ से प्राप्त ज्ञान को तर्कसंगत तरीके से प्रस्तुत किया गया। इस पुस्तक के प्रकाशन से चिकित्सा जगत् में हलचल मच गई। वैसेलियस के शिष्यों ने इस ज्ञान को आगे बढ़ाया।

पैरासेल्सस (1493-1541)

स्विट्ज़रलैंड में जनमे पैरासेल्सस ने वियना व फैरेरा में शिक्षा पाई। इन्होंने चिकित्सक का पेशा अपनाया पर इनका मुख्य कार्य रसायन से संबंधित था।

पैरासेल्सस ने चिकित्सा क्षेत्र में रोगों के उपचार में वनस्पतियों के स्थान पर रसायनों का बड़े पैमाने पर प्रयोग किया और सफल रहे। उन्होंने धातुओं को दो वर्गों में बाँटा—

1. पूर्ण धातु, जैसे सोना, चाँदी;
2. अपूर्ण धातु, जैसे लोहा, ताँबा, सीसा, जस्ता।

इस प्रकार के वर्गीकरण के बारे में उनकी मान्यता थी कि कोई भी धातु अपूर्ण नहीं होती है। अपूर्णता पूर्ण होने की दिशा में एक कदम है। उसका अर्थ है प्रकृति ने लोहे को लोहा रहने के लिए नहीं बनाया। उसे तो सोना बनना था, पर उतावले मानव ने उसे अपने उपयोग के लिए पहले ही निकाल लिया।

उपर्युक्त विचार कीमियागिरी मनोवृत्ति की झलक देते हैं।

इस प्रकार हम कह सकते हैं कि पुनर्जागरण काल में रसायन विज्ञान दिशाहीन था, पर कुल मिलाकर विज्ञान की सभी शाखाओं में जिज्ञासाएँ सामने आने लगी थीं।

□

लियोनार्डो द विंची समय के आईने में

1452	—	जन्म
1467	—	स्टूडियो में शिक्षा प्रारंभ
1472	—	गुरु वीरोचियो को परास्त
1475	—	गिल्ड का सदस्य
1482	—	मिलान पहुँचे
1493	—	विशाल घोड़े का मॉडल तैयार
1495	—	उड़ान का परीक्षण
1499	—	मिलान से पलायन
1500	—	वेनिस में पोप की शरण में
1505	—	मोनालिसा पेंटिंग पर कार्य प्रारंभ
1506	—	फ्रांस के राजा की सेवा में
1512	—	फ्लोरेंस में
1513	—	नए पोप की सेवा में
1515	—	रोबोटिक शेर का प्रदर्शन
1516	—	फिर फ्रांस के राजा की सेवा में
1519	—	निधन।

□□□